老子·庄子

卷三

〔春秋〕老子
〔战国〕庄子 著
李楠 编译

天地（二）

尧治天下，伯成子高立为诸侯。尧授舜，舜授禹，伯成子高辞为诸侯而耕。禹往见之，则耕在野。禹趋就下风，立而问焉，曰：『昔尧治天下，吾子立为诸侯。尧授舜，舜授予，而吾子辞为诸侯而耕。敢问其故何也？』子高曰：『昔尧治天下，不赏而民劝，不罚而民畏。今子赏罚而民且不仁，德自此衰，刑自此立，后世之乱自此始矣！夫子阖行邪？无落吾事！』俋俋①乎耕而不顾。

泰初有无②，无有无名；一之所起，有一而未形。物得以生，谓之德；未形者有分，且然无间，谓之命；留动而生物，物成生理，谓之形；形体保神，各有仪则，谓之性。性修反德，德至同于初。同乃虚，虚乃大。合喙鸣③。喙鸣合，与天地为合。其合缗缗，若愚若昏，是谓玄德，同乎大顺。

夫子问于老聃曰：『有人治道若相放，可不可，然不然。辩者有言曰：「离坚白，若县寓。」若是，则可谓圣人乎？』

老聃曰：『是胥易技系，劳形怵心者也。执留之狗成思，猿狙之便自山林来。丘，予告若，而所不能闻与而所不能言，凡有首有趾④、无心无耳者众，有形者与无形无状而皆存者尽无。其动止也，其死生也，其废起也，此又非其所以也。有治在人，忘乎物，忘乎天，其名为忘己。忘己之人，是之谓入于天。』

将闾葂见季彻曰：『鲁君谓葂也曰：「请受教。」辞不获命⑤。既已告矣，未知中否，请尝荐之。吾谓鲁君曰：「必服恭俭，拔出公忠之属而无阿私，民孰敢不辑！」』

季彻局局然笑曰：『若夫子之言，于帝王之德，犹螳螂之怒臂以当车轶，则必不胜任矣。且若是，则其自为处危，其观台多物，将往投迹者众。』

将闾菀觑觑然惊曰：『菀也汒若于夫子之所言矣！虽然，愿先生之言其风也。』

季彻曰：『大圣之治天下也，摇荡民心，使之成教易俗，举灭其贼心而皆进其独志。若性之自为，而民不知其所由然。若然者，岂兄尧、舜之教民溟涬然⑥弟之哉？欲同乎德而心居矣。』

【注释】

①俋俋：用力耕地。

②泰初有无：宇宙的原初就是无。

③合喙鸣：像鸟鸣一样无心于言而自言。

④首、趾：代指人的整个形躯。

⑤获命：获得允诺。

⑥溟涬然：元气未分时浑浑沌沌的样子。

【译文】

尧统治天下时，伯成子高立为诸侯。尧传位给舜，舜又传位给禹，这时伯成子高辞去诸侯职位还乡耕田。禹去看他，他正在田野耕作。禹走到他面前，恭敬地问：『从前尧统治天下，先生身为诸侯。尧传位给舜，舜传位给我，先生却辞去官职从事耕作，这是为什么呢？』伯成子高说：『从前尧治理天下，没有奖赏而百姓自然勤勉，没有惩罚而百姓自然有所畏惧。如今你奖赏惩罚并用而人民却不友善，德行从此衰落，刑罚从此建立，后世的祸患从此开始了！先生你为什么不走开呢？不要影响我耕作！』伯成子高低着头耕地，不再理睬禹。

宇宙开始的时候什么都没有，既没有任何存在，更没有名称。混沌的状态就是宇宙的初始，不过在混沌之时，还远未形成单一的形体。万物从混沌的状态中产生，这叫作自得；未形成形体时承受的阴阳之气已经有了区别，不过阴阳的调合却是如此协调而无缝隙，这就叫作天命；阴气滞留阳气运动而后衍生万物，万物构成生命的机理，这就叫作形体；形体中寄寓着精神，而且各自具有自身的独特形式，这就叫作本性。习惯修身养性就会回归自得，自得的程度达到完美就如同太初之时。如同太初之时心胸就会无比豁达，心胸无比豁达就能包容广大。天人合一之时说起话来就仿佛鸟儿张嘴鸣叫，张嘴鸣叫的声音不约而同。与天

地自然融合，这种融合是浑然无心而完成的，如同愚昧，如同昏沉，这就叫作天德，也就是等同于自然之理。

孔子向老聃请教：『有人研修和感悟大道却好像与大道相违背，把不能赞同的看作是可以认可的，把错误的认为是正确的。善于辨解的人说：「离折石的质坚和色白就好像悬挂于高空中那样清楚醒目。」像这样的人可以当成圣人吗？』

老聃说：『这只不过是聪明的小吏供职时为技艺所限，劳苦身躯担惊受怕的样子。善于捕猎的狗因为受到束缚而困顿，猿猴因为行动灵活而被人从山林里捉走。孔丘，我告诉你，告诉给你听不见而又说不出的道理。普通人有了头和脚等具体的形体却仍然无知无闻的有很多，有形体的人跟没有固定状态、没有形状的「道」并存于一身的却完全没有。或是运动或是静止，或是死亡或是生存，或是衰败或是兴盛，这六种情况全都源于自然而不可能探知其所以然。倘若果真存在着什么治理，那也是人们遵循天性和真情的个别活动，出于外物，忘掉自然，它的名字就叫作忘掉自己。忘掉自己的人，就相当于与自然融为一体。

蒋闾葂拜见季彻对他说：『鲁国国君对我说：「请你给我一些教导。」我一再推辞，鲁君却不答应，我就对他说了，不知道正确与否，请允许我说给你听听。我对鲁国国君说：「你必须亲身实践谦恭和俭朴，选拔出公正、忠诚的臣子管理政务而摒弃偏护与私心，百姓们还会有谁敢不与人和睦相处！」』

季彻听后弯腰大笑道：『你说的这些话，对于帝王的思想来说恐怕像螳螂奋臂挡车轮一样，必定不能起作用。不仅如此，还会把自己推向危险的境地，朝廷政务越多，前往奔走帮忙的人也就越多了。』

蒋闾葂吃惊地说：『我对于先生的话实在感到不解。即便这样，我还是希望先生谈个究竟。』

季彻说：『大圣人治理天下，让百姓自由开放不受约束，使他们自我教化，移风易俗，完全化解伤害他人的心而都去坚定自我教化的决心，就像自然本性在指引他们，自由活动，人们并不知道为什么会是这样。这样的话，难道还用得着推崇尧、舜来教化人民，而蔑视混沌不分的状态吗？他们将只希望回归天然自得的本性而心境沉静啊！』

子贡南游于楚，反于晋，过汉阴，见一丈人方将为圃畦，凿隧①而入井，抱瓮而出灌，搰然用力甚多而见功寡。子贡曰：『有械于此，一日浸百畦，用力甚寡而见功多，夫子不欲乎？』为圃者仰而视之曰：『奈何？』曰：『凿木为机，后重前轻，挈水若抽，数如泆汤，其名为槔。』为圃者忿然作色而笑曰：『吾闻之吾师，有机械者必有机事，有机事者必有机心。机心存于胸中，则纯白不备；纯白不备，则神生不定。神生不定者，道之所不载也。吾非不知，羞而不为也。』子贡瞒然②惭，俯而不对。

有间，为圃者曰：『子奚为者邪？』曰：『孔丘之徒也。』为圃者曰：『子非夫博学以拟圣，於于以盖众，独弦哀歌以卖名声于天下者乎？汝方将忘汝神气，堕汝形骸，而庶几乎！而身之不能治，而何暇治天下乎？子往矣，无乏吾事！』

子贡卑陬失色，顼顼然不自得，行三十里而后愈。其弟子曰：『向之人何为者邪？夫子何故见之变容失色，终日不自反邪？』

曰：『始吾以为天下一人耳，不知复有夫人也。吾闻之夫子，事求可，功求成，用力少，见功多者，圣人之道。今徒不然。执道者德全，德全者形全，形全者神全。神全者，圣人之道也。托生与民并行而不知其所之，汒乎淳备哉！功利机巧必忘夫人之心。若夫人者，非其志不之，非其心不为。虽以天下誉之，得其所谓，謷然不顾；以天下非之，失其所谓，傥然不受。天下之非誉，无损益焉，是谓全德之人哉！我谓之风波之民。』

反于鲁，以告孔子，孔子曰：『彼假修浑沌氏之术者也。识其一，不知其二；治其内，而不治其外。夫明白入素，无为复朴，体性抱神，以游世俗之间者，汝将固惊邪？且浑沌氏之术，予与汝何足以识之哉！』

【注释】

①隧：指通入井的道路。

②瞒然：惭愧的样子。

【译文】

子贡到南方的楚国巡游，返回晋国，经过汉水的南岸，见到一位老人正在菜园里整地开畦，挖了一条地道直通到井边，抱着水罐浇水灌地，吃力地来来往往，付出甚多而效果甚微。子贡见了对他说：『如今有一种机械，每天可以浇灌菜地上百畦，费力很少而效果很好，老先生你不想试试吗？』种菜的老人抬起头来看着子贡问道：『应该怎么做呢？』子贡说：『先用木料加工成机械，后面重而前面轻，取水就像从井中抽水似的，快速犹如烧开的水向外溢出一样，机械的名字就叫作桔槔。』种菜的老人沉着脸讥笑地说：『我从我的老师那里听说过这样的话：有了机械之类的物件必定会出现机巧之类的事情，有了机巧之类的事情必定会出现机变之类的念头。机变的心思存留在头脑中，那么不曾受到世俗沾染的纯洁清澈的心境就不再完整齐备；纯洁空明的心境不完备，那么精神就不会专一平稳；精神不能专一平稳的人，大道也就不会充实他的心田。我也知道你所说的办法，只不过感到耻辱而不愿那样做呀。』子贡满面羞愧，低下头去不再言语。

过了一会儿，种菜的老人问道：『你是干什么的呀？』子贡说：『我是孔丘的学生。』种菜的老人说：『他不就是那拥有广博学识并处处效仿圣人，夸诞执着盖过众人，自唱自和感慨世事之歌以周游天下骗取名声的人吗？你要丢弃你的精神和志气，废置你的身形体骸，恐怕就可以逐渐接近于道了吧！你连自身都不善于修养和调理，哪里还有能力去治理天下呢！你走吧，不要在这里耽误我的农活！』

子贡感到非常惭愧，神色顿改，怅然若失而不能控制，走出三十里外才逐步恢复正常。子贡的弟子问道：『刚才碰到的那个人是干什么的呀？先生为什么与他交谈后便面容大变，一整天都不能恢复正常呢？』

子贡说：『起初我总认为天下圣人就只有我的老师孔丘一人而已，没想到还会有刚才碰上的那样的人。我从我的老师那里学到，办事要寻求解决之道，功业要寻求成就。用的力气要少，取得的功效要多，这就是圣人之道。如今事实竟然不是这样。领悟大道的人德行才完备，德行完备的人身形才完整，身形完整的人精神才完善。精神完善方是圣人之道。这样的人寄托形体于世间跟万民生活在一起却不思考自己应该去到哪里，内心世界深不可测、德行淳厚而又健全啊！功利机巧必定不会存在他们那种人的心上。像那样的人，不符合自己的心志不会去追求，不出于自己的思想不会去做。即使让天下人都赞美他，赞美的言词合乎他的行为，他也清高而不顾；即使让天下人都贬损他，使其名声狼藉，他也无动于衷不予理睬。天下人的贬损和赞美，对于他们来说既无增益又无损害，这就叫作德行健全的人啊！我只能称作是心神未定为世俗尘垢所沾染的人。』

子贡回到鲁国，把路上遇到的事情告诉给孔子。孔子说：『那是崇尚和实践混沌氏主张的人，他们清楚自古不移混沌无别的道理，却不懂得需要顺应时势以适应社会的变化，他们善于自我修养调养精神，却不善于治理外部世界。那些明澈清净到如此素洁、虚静无为回返原始朴质、体悟真性持守精神、优然自得地生活在世俗之中的人，你对他们怎么会不感到惊奇呢？况且混沌氏的主张和调养方法，我和你又怎么能够明白呢？』

谆芒将东之大壑，适遇苑风于东海之滨。苑风曰：『子将奚之？』曰：『将之大壑。』曰：『奚为焉？』曰：『夫大壑之为物也，注焉而不满，酌焉而不竭。吾将游焉！』苑风曰：『夫子无意于横目之民①乎？愿闻圣治。』谆芒曰：『圣治乎？官施而不失其宜，拔举而不失其能，毕见其情事而行其所为，行言自为而天下化。手挠顾指，四方之民莫不俱至，此之谓圣治。』『愿闻德人。』曰：『德人者，居无思，行无虑，不藏是非美恶。四海之内共利之之谓悦，共给之之为安。怊乎若婴儿之失其母也，傥乎若行而失其道也。财用有余而不知其所自来，饮食取足而不知其所从，此谓德人之容。』『愿闻神人。』曰：『上神乘光，与形灭亡，此谓照旷。致命尽情，天地乐而万事销亡，万物复情，此之谓混冥。』

门无鬼与赤张满稽观于武王之师。

赤张满稽曰：『不及有虞氏乎；故离此患也。』

门无鬼曰：『天下均治而有虞氏治之邪？其乱而后治之与？』

赤张满稽曰：『天下均治之为愿，而何计以有虞氏为！有虞氏之药疡也，秃而施髢，病而求医。孝子操药以修②慈父，其色燋然，圣人羞之。至德之世，不尚贤，不使能，上如标枝，民如野鹿。端正而不知以为义，相爱而不知以为仁，实而不知以为忠，当而不知以为信，蠢动而相使不以为赐。是故行而无迹，事而无传。』

【注释】

①横目之民：人民。
②修：借为『羞』，进献。

【译文】

谆芒将要往东一直巡游到大海，恰巧在东海之滨遇到苑风。苑风问道：『您要到哪儿去呢？』谆芒回答说：『我打算去大海。』苑风又问：『去做什么呢？』谆芒说：『大海那种东西啊，江河汇入它而永不会溢出，不停地舀取它却不会干涸。所以我将到那里去巡游！』苑风又说：『那么，先生不再关心庶民百姓吗？我想听您说说圣人的教导。』谆芒说：『圣人的教导吗？政令措施的颁布遵守时宜，提拔荐举人才而不浪费贤能，洞察事物的情状而顺着自然的趋势发展，行动说话都出于自然行为而天下人民都受到感化。举手一挥、眼神一动，四方百姓无不尽数到来，这就是圣人的教导。』苑风说：『希望再能听您说说关于德人的解释。』谆芒说：『所谓德人，就是休息时不去思考，行动时没有忧虑，心中不存在是非褒贬的念头。见四海之内百姓分享利益才认为是喜悦，让百姓共同富裕才认为是安乐。愁苦时就像婴儿失去母亲一样尽情发泄，处事时茫茫然就像出行迷失了方向。财物使用有余却不知它们是从哪来的，食物充足但不知道它们取自何方，这就是德人的样子。』苑风说：『还希望再能听到神人的解释。』谆芒说：『神人腾跃而上，驾乘日月之光，跟所有事物的形迹一同消失，这就叫作虚明空旷。遵从天命，尽其情性，以天地之道自乐而万事万物无所挂心，与万物恢复其本来状态，这就叫混同玄合没有差别。』

门无鬼与赤张满稽观看周武王的部队。

赤张满稽说：『周武王还是不如有虞氏啊！所以天下才遭遇这种祸患。』

门无鬼说：『天下太平无事而后有虞氏才去治理呢，还是天下动乱时去治理呢？』

赤张满稽说：『天下太平无事是人们的期盼，又为什么还要出于有虞氏的盛德而推举他为国君呢！有虞氏给人医治头疮，毛发脱落成了秃子才佩戴假发，正如有了疾病才会去求医。孝子寻求药物用来调治慈父的疾病，他的面庞多么憔悴，而圣人却以这种情况为羞耻。盛德的时代，不推举贤才，不任使能人。国君位高权重如同树顶高枝无心在上而自然居于高位，百姓却像自然生长的野鹿无所拘束。行为端正却不知道把它视为道义；相互友爱却不知道把它视为仁爱；敦厚老实却不知道把它视为忠诚；办事得当却不知道把它视为信义；无心地活动而又相互支持却不把它视为恩赐。所以行动之后不会留下感悟，事成之后不会留传后代。』

孝子不谀其亲，忠臣不谄其君，臣、子之盛也。亲之所言而然，所行而善，则世俗谓之不肖子；君之所言而然，所行而善，则世俗谓之不肖臣。而未知此其必然邪？世俗之所谓然而然之，所谓善而善之，则不谓之谄谀之人也。然则俗故严于亲而尊于君邪？谓己谄人，则勃然作色；谓己谀人，则怫然作色。而终身谄人也，终身谀人也。合譬饰辞聚众也，是终始本末不相坐。垂衣裳，设采色，动容貌，以媚一世[1]，而不自谓道谀；与夫人之为徒，通是非，而不自谓众人，愚之至也。知其愚者，非大愚也；知其惑者，非大惑也。大惑者，终身不解；大愚者，终身不灵。三人行而一人惑，所适者，犹可致也，惑者少也；二人惑则劳而不至，惑者胜也。而今也以天下惑，予虽有祈向，不可得也，不亦悲乎！

大声不入于里耳，《折杨》《皇荂》，则嗑然而笑。是故高言不止于众人之心；至言不出，俗言胜也。以二缶钟惑，而所适不得矣。而今也以天下惑，予虽有祈向，其庸可得邪！知其不可得也而强之，又一惑也。故莫若释之而不推。不推，谁其比忧？

厉[②]之人，夜半生其子，遽取火而视之，汲汲然唯恐其似己也。

百年之木，破为牺尊，青黄而文之，其断在沟中。比牺尊于沟中之断，则美恶有间矣，其于失性一也。桀、跖与曾、史，行义有间矣，然其失性均也。

且夫失性有五：一曰五色乱目，使目不明；二曰五声乱耳，使耳不聪；三曰五臭熏鼻，困惾中颡；四曰五味浊口，使口厉爽；五曰趣舍滑心，使性飞扬。

此五者，皆生之害也。而杨、墨乃始离跂自以为得，非吾所谓得也。夫得者困，可以为得乎？则鸠鸮之在于笼也，亦可以为得矣。且夫趣舍声色以柴其内，皮弁鹬冠搢笏绅修以约其外。内支盈于柴栅，外重缠缴[③]，睆睆然在缠缴之中而自以为得，则是罪人交臂历指而虎豹在于囊槛，亦可以为得矣。

【注释】

①一世：天下的百姓。

②厉：通『疠』，恶疮。

③缠：绳索。缴：缠绕。

【译文】

孝子能不奉迎自己的父母，忠臣能不谄媚于自己的君主，就是臣子、儿子中最好的。凡是父母所说的就认为是正确的，凡是父母所做的就当成是好的，那就是世人印象中的不肖之子；凡是君主所说的就认为是正确的，凡是君主所做的就当成是好的，那就是世人所不耻的不良之臣。然而世人的评价就一定正确吗？世人说是对的就认为是正确的，世人说是好的就当成是好的，却没人把这种人叫作奉迎谄媚之人。如此看来，世俗之人难道比父母还可敬、比君主还尊贵吗？听到别人说自己是阿谀的人，就勃然大怒脸色难看；听到说自己是谄媚的人，就忿恨填胸怀恨在心。然而实际上却是一直都在奉承他人，一生都在讨好别人，搜集众多譬喻、修饰自己言辞来招集众人，这是终结和初始、根本和末节的关系脱了节。讲究穿着装饰，装模作样，变换表情姿势，以此来讨好世上所有的人，却不承认自己是谄媚阿谀；与那些世俗之人见解一致，是非标准相同，却不承认自己也是世俗之人，这真是愚蠢透顶啊。知道自己愚蠢的人，还不是最愚蠢的；知道自己糊涂的人，还不是最糊涂的。最糊涂的人，一辈子也不能解除迷惑；最愚蠢的人，到死也不会醒悟过来。设想三个人一起外出而其中有一个糊涂的，他们所要到达的地方，仍然可以到达，究其原因是糊涂的人占少数；设想三个人中有两个人糊涂，就会白白浪费力气而到不了目的地，这是由于糊涂的人超过了清醒的。而当今全天下的人都糊涂了，我虽然有所企盼和向往，却也不可能实现了。这不是太悲惨了吗？

对于高雅的音乐，市井俗人的耳朵是不喜欢听的，《折杨》《皇荂》之类的俗曲，粗俗人听了会哈哈笑出声来。所以崇高的言论不会留存于众人的心中；至理名言也不会从世俗人的口中说出，这是因为被粗俗的言论充斥了。就像敲击两只瓦缶来扰乱一个黄钟的声音，就得不到本来的好音乐了。如今全天下的人都糊涂了，我虽然有所企盼和向往，又怎么可能起作用呢？明知道不可能实现却硬着头皮去做，这也是一种糊涂啊！所以不如舍弃它而不去推行。不去推行，谁还能给我带来烦恼呢？

丑陋的人半夜里生下孩子，会立即拿灯火来照着看他，心情迫切，唯恐生下的孩子像自己一样丑陋。

把生长百年的木材截断，做成牺尊（雕刻华丽的酒杯），雕刻上彩色的花纹，把剩余的一部分木材抛在水沟里；将牺尊和抛在水沟的那一部分木材相比，它们的华美和鄙陋是有差距的；但是它们都失掉了本性，这一点上两者却是一样的。夏桀、盗跖和曾参、史鳅，他们的作为是有差距的；但是就他们都失掉本性这一点来说，却是相同的。

况且，失掉本性有五种情况：第一，五色能够迷惑人的眼睛，使眼睛不清楚；第二，五声能够搅乱人的耳朵，使耳朵不敏锐；第三，五臭能够熏伤人的鼻孔，使鼻孔阻塞不畅，而伤害了额角；第四，五味能够混浊人的口腔，使口腔受到损害；第五，取舍能够扰乱人的心神，使性情起落浮躁。

这五种情况对健康都是有损害的。可是，杨朱、墨翟之辈就由此标新立异，自以为得意，这并不是我所指的得意。如果得意的人受到限制，也可以算得意的话，那么，斑鸠囚禁在樊笼里，也可以算得意的了。

况且，取舍和声色，填堵了内心；朝服和朝帽，限制了外形；内心立满了棍棒，外形重叠上绳索，眼睁睁地被拘困在绳索之中，可是还自以为得意。那么，罪人的胳膊被绳索反绑起来，手指被椤子枷起来，或者虎豹被装在布袋和木笼里，也可以称作得意了。

【品读】

全篇由十四个部分组成，大抵以无为自然为宗旨，代表了庄子技术哲学的思想。

全文层次分明。第一部分至『无心得而鬼神服』，阐述无为而治的思想基于『道』。事物是同一的，事物的发展变化是自然的，因此治理天下就应当是无为的。这一部分是全篇的中心所在。第二部分至『大小，长短，修远』，通过『夫子』之口，阐明大道深奥玄妙的含义，并借此指出居于统治地位的人要得无为而治就得通晓大道。第三部分至『象罔乃可以得之乎』，写一寓言小故事，说明无为才能求得大道。第四部分至『南面之贼也』，通过隐士许由之口，说明聪慧和才智以及一切人为的作法都不足以治天下，并直接指出『治』就是乱的先导。第五部分至『退已』，说明统治者也要随遇而安，不要留下什么踪迹。第六部分至『俋俋乎耕而不顾』，对比无为和有为，说明有为而治必然留下祸患。第七部分至『同乎大顺』，论述宇宙万物的产生，寓指无为而治就是返归本真。第八部分至『是之谓入于天』，指出治世者必当『忘己』。第九部分至『欲同乎德而心居矣』，指出从政的要领是纵任民心，促进自我教化，而有为之治不过是螳臂挡车，自处高危。第十部分至『予与汝何足以识之哉』，借种菜老人之口反对机巧之事和机巧之心，拒绝社会的进步，提倡素朴和返归本真。第十一部分至『此之谓混冥』，分别描述了『圣治』『德人』和『神人』。第十二部分至『事而无传』，进一步称誉所谓盛德时代的无为而治。第十三部分至『汲汲然唯恐其似己也』，借『忠臣』『孝子』作譬，哀叹世人的愚昧和迷惑。余下为第十四部分，指出追逐功名利禄和声色，貌似有所得，其实是为自己设下了绳索，无论『得』和『失』都丧失了人的真性。

天道

天道运而无所积，故万物成；帝道运而无所积，故天下归；圣道运而无所积，故海内服。明于天，通于圣，六通四辟[①]于帝王之德者，其自为也，昧然无不静者矣！圣人之静也，非曰静也善，故静也。万物无足以铙心者故静也。水静则明烛须眉平中准，大匠取法焉。水静犹明，而况精神！圣人之心静乎！天地之鉴也，万物之镜也。夫虚静恬淡寂漠无为者，天地之平而道德之至也。故帝王圣人休焉。休则虚，虚则实，实者伦矣。虚则静，静则动，动则得矣。静则无为，无为也，则任事者责矣。无为则俞俞。俞俞者，忧患不能处，年寿长矣。夫虚静恬淡寂漠无为者，万物之本也。明此以南乡，尧之为君也；明乎此以北面，舜之为臣也。以此处上，帝王天子之德也；以此处下，玄圣素王之道也。以此退居而闲游，江海山林之士服；以此进为而抚世，则功大名显而天下一也。静而圣，动而王，无为也而尊，朴素而天下莫能与之争美。

夫明白于天地之德者，此之谓大本大宗，与天和者也。所以均调天下，与人和者也。与人和者，谓之人乐；与天和者，谓之天乐。

庄子曰：『吾师乎！吾师乎！赍万物而不为戾；泽及万世而不为仁；长于上古而不为寿；覆载天地、刻雕众形而不为巧。』此之谓天乐。故曰：知天乐者，其生也天行，其死也物化。静而与阴同德，动而与阳同波。故知天乐者，无天怨，无人非，无物累，无鬼责。故曰：其动也天，其静也地，一心定而王天下；其鬼不祟[②]，其魂不疲，一心定而万物服。言以虚静推于天地，通于万物，此之谓天乐。天乐者，圣人之心以畜天下也。

【注释】

①六通四辟：六合通达四时顺畅，指全面通晓帝王之道。

②其魄不祟：鬼神也不能带来灾祸。

【译文】

自然规律的运行从不曾有过停顿和起伏，所以万物得以萌生；帝王统治的规律也从不曾有过停顿和起伏，所以天下百姓归顺；思想修养臻于圣明的人对世间万物的看法和主张也不曾中断和停留，所以天下人倾心折服。感悟于自然，通晓于圣哲，对于理解帝王之德的人来说，上下四方相通和四季的明快，全都是自身的运动，韬光养晦不露形迹从不损伤静寂的心境。圣明的人内心沉静，不是说沉静美好，所以才去追求沉静；各种事物都不能左右和扰乱他的内心，因而心神才安定宁寂犹如死灰。水在静止时便能清晰地倒映人的须眉，水的平面符合水平测定的标准，高明的工匠也会用来作为标尺。水面静下来尚且清澈透明，又何况是人的精神！圣明的人心境是多么淡泊宁静啊！可以作为天地的基准，可以作为万物的标准。虚静、恬淡、沉静、无为，是天地的基准，是道德修养的最高境界，所以古代帝王和圣明的人都保持在这一境界上。保持在这一境界上心境就会空明虚淡，空明虚淡也就会活得充实，心境充实就能符合自然之理了。心境虚空才会平静宁寂，平静宁寂才能自发运动，没有干扰地自发运动也就能够无所不为了。虚静便能无为，无为使人各尽其责。无为也就从容自得，从容自得的人便不会身藏烦恼与忧患，寿命也就长久了。虚静、恬淡、沉静、无为，是万物的本相。明白这个道理而居于帝王之位，就像唐尧这样的国君；明白这个道理而居于臣下之位，就像虞舜这样的臣属。懂得这个道理而处于尊上的地位，就算是拥有了帝王治世的盛德；凭借这个道理而处于庶民百姓的位置，就算是通晓了玄圣素王的思想和主张。凭借这个道理隐退闲游于江海、山林的隐士也真诚折服；凭借这个道理进身仕途而安抚世间百姓，就能功勋卓著名扬四海而使天下大同。清静而成为玄圣，行动而成为帝王，无为才能取得尊尚的地位，保持自然淳朴的天性，天下就没有什么事物可以跟它媲美。

明白无为是天地之本相，这就是把握了万物的根本属性和产生根源，就是与天道一致了，因此就能处理协调天下之事，而与人和谐融洽。与人和谐融洽，叫作人乐；与自然谐和融洽，叫作天乐。

庄子说：『我的宗师啊！我的宗师啊！摧毁万物不算是暴戾，施恩及万世不算是仁爱，生长于远古不算是寿延，开天辟地、雕刻众物之形不算是技艺，这就叫作天乐。所以说：「通晓天乐的人，他活在世上自然地运动，他离开人世随着万物而变化。平静时跟阴气同沉寂，运动时跟阳气同舞动。」因此体察到天乐的人，不会受到天的惩罚，不会受到人的非难，不会受到外物的羁绊，也不会受到鬼神的责备。所以说：「运动时接近自然的运行，静止时犹如大地一样岿然不动，内心安定专一驾驭天下；鬼魔不会作祟，神魂不会疲累，内心专一安定万物无不折服归顺。」这些话就是说把虚空宁静推行于天下，浸润万物，这就叫天乐。所谓天乐，就是以圣人的心哺育天下。』

夫帝王之德，以天地为宗，以道德为主，以无为为常。无为也，则用天下而有余；有为也，则为天下用而不足。故古之人贵夫无为也。上无为也，下亦无为也，是下与上同德，下与上同德则不臣；下有为也，上亦有为也，是上与下同道，上与下同道则不主。上必无为而用天下，下必有为为天下用，此不易之道也。

故古之王天下者，知虽落天地，不自虑也；辩虽雕万物，不自说也；能虽穷四海，不自为也。天不产而万物化，地不长而万物育，帝王无为而天下功。故曰：莫神于天，莫富于地，莫大于帝王。故曰：帝王之德配天地。此乘天地，驰万物，而用人群之道也。

本在于上，末在于下，要在于主，详在于臣。三军五兵之运，德之末也；赏罚利害，五刑之辟，教之末也；礼法度数，形名比详，治之末也；钟鼓之音，羽旄之容，乐之末也；哭泣衰绖，隆[1]杀之服，哀之末也。此五末者，须精神之运，心术之动，然后从之者也。

末学者，古人有之，而非所以先也。君先而臣从，父先而子从，兄先而弟从，长先而少从，男先而女从，夫先而妇从。夫尊卑先后，天地之行也，故圣人取象焉。天尊地卑，神明之位也；春夏先，秋冬后，四时之序也。万物化作，萌区有状，盛衰之杀，变化之流也。夫天地至神，而有尊卑先后之序，而况人道乎！宗庙尚亲，朝廷尚尊，乡党尚齿，行事尚贤，大道之序也。语道而非其序者，非其道也；语道而

非其道者，安取道哉！

是故古之明大道者，先明天而道德次之，道德已明而仁义次之，仁义已明而分守次之，分守已明而形名次之，形名已明而因任次之，因任已明而原省[2]次之，原省已明而是非次之，是非已明而赏罚次之，赏罚已明而愚知处宜，贵贱履位，仁贤不肖袭情。必分其能，必由其名。以此事上，以此畜下，以此治物，以此修身，知谋不用，必归其天。此之谓太平，治之至也。

故书曰：『有形有名。』形名者，古人有之，而非所以先也。古之语大道者，五变而形名可举也，九变而赏罚可言也。骤而语形名，不知其本也；骤而语赏罚，不知其始也。倒道而言，迕道而说者，人之所治也，安能治人！骤而语形名赏罚，此有知治之具，非知治之道。可用于天下，不足以用天下。此之谓辩士，一曲之人也。礼法数度，形名比详，古人有之。此下之所以事上，非上之所以畜下也。

【注释】

①隆：升级。

②原省：原，恕免。省，省察。

【译文】

帝王之品德，以天地为根本，以道德为标准，以无为为常规。无为，让天下自行归顺而且闲暇有余；有为，为天下竭尽心力却明显不足。所以古人治天下都看重无为之治。帝王无为，臣子也无为，臣下与帝王思维相同。臣下与帝王思维相同那就不像君臣了。如果臣下有为，帝王也有为，帝王与臣下做法相同，帝王与臣下做法一致就不能称其为帝王。君主必须无为才能使天下自行合谐，臣下必须有为才能为天下所用。

这是不能随意改变的道理。

所以，古代统治天下的人，智慧即使能通达天地，也从不主动去思虑；口才即使能协调万物，也从不亲自去说教；才能即使能问鼎海内，也从不亲自去尝试。上天并不刻意要产生什么而万物却自然变化产生，大地并不刻意要长出什么而万物却自然繁衍生息，天子能够无为天下就会自然得到治理。所以说没有什么比上天更为神妙，没有什么比大地更为深奥，没有什么比帝王更为伟大。因此说帝王的德性能跟天地相符。这就是驾驭天地、掌管万物而任用天下人的办法。

道德存在于上古，仁义则推行于当今；治世的方略掌握在天子手里，繁杂的事务伴随在臣子的操劳中。军队和各种兵器的使用，这是德治衰败的表现；奖赏处罚教化惩戒，并且施行各种刑罚，这是诲谕衰败的表现；礼仪法规度量计数，对事物本性和名称的比较和审定，这是治理衰败的表现；钟鼓的声音，用鸟羽兽毛装饰的外表，这是声色衰败的表现；痛哭流涕披麻戴孝，不同规格的隆重或简易的丧服，这是悲伤情感不能自然流露的表现。这五种细微之举，等待精神的自然变化和心智的正常发展，方才能排除娇嗔、率性而生。

追求细节的完善，古人中已经存在，但并不是用它来作为基准。国君为主而臣子从属，父亲为主而儿女从属，兄长为主而弟弟从属，年长为主而年少从属，男子为主而妇女从属，丈夫为主而妻子从属。地位高低、排位先后，这都是天地运行的标准，所以古代圣人用以效法。上天尊贵，大地卑下，这是神明的排位；春夏在先，秋冬在后，这是四季的顺序。万物变化而生，萌生之初便存在差异拥有各自独有的形状；盛与衰的交替，这是事物变化的规律。天与地是最为神圣而又莫测的，尚且存在尊卑、先后的序列，何况是社会的治理呢！宗庙崇尚亲缘，朝廷崇尚高贵，乡里崇尚年长，处事崇尚贤能，这是永恒的大道所安排下的亲缘。谈论大道却排斥大道安排下的规则，这就不是真正在尊崇大道；谈论大道却排斥体悟大道的人，怎么能真正领悟大道！

因此，古代精通大道的人，首先重视自然的规律而后才是道德，道德已经明确而后才是仁义，仁义已经通晓而后才是职守，职守已经分清而后才是事物的外形和名称，外形和名称已经明确了而后才是据其才能而任其职位，依才任职已经明确而后才是豁免或废除，豁免或废除已经明确而后才是是非，是非明确而后才是赏罚。赏罚分明因而笨拙与智慧的人都能来往合宜，尊贵和卑贱的人也都能各安其位；仁慈贤能和凶恶残酷的人也才能都感触真情。必须区分各自不同的才能，必须遵守各自不同的名分。用这样的办法来侍奉君主，用这样的办法来对待百姓，用这样的办法来治理万物，用这样的办法来修身养性；智谋不使用，回归自然，这就能达到天下太平，也就是治理天下的最高境界。

因此古书上说：『有形体，有称谓。』明确并区分事物的形体和称谓，古代就有人这样做，但并不是把『形、名』的观念摆在首位。古时候探讨大道的人，从阐明事物自然规律开始经过五个阶段才可以谈到事物的形体和名称，经过九个阶段才可以讲到关于赏罚的问题。直白地谈论事物的形体和称谓，不可能了解『形、名』问题由来的根本；直白地讨论赏罚问题，不可能知晓赏罚问题的演化。把上述演绎顺序倒过来探讨，或者违背上述演绎顺序而辩解的人，只能是为别人所管制，怎么能去管制别人！离开上述顺序而直白地谈论形、名和赏罚，这样的人即使了解治世的工具，也不会理解治世的规律；可以用于天下，而不能用来治理天下。这种人就称作辩士，即只能认识事物一面的浅薄之人。礼仪法规估算度量，对事物的形体和称谓比较和审定，古时候就有人这样做，这都是臣子侍奉君主的做法，而不是君主抚育臣民的态度。

昔者舜问于尧曰：『天王之用心何如？』尧曰：『吾不敖[1]无告，不废穷民，苦死者，嘉孺子而哀妇人。此吾所以用心已。』舜曰：『美则美矣，而未大也。』尧曰：『然则何如？』舜曰：『天德而出宁，日月照而四时行，若昼夜之有经，云行而雨施矣。』尧曰：『胶胶[2]扰扰乎！子，天之合也；我，人之合也。』夫天地者，古之所大也，而黄帝、尧、舜之所共美也。故古之王天下者，奚为哉？天地而已矣。

孔子西[3]藏书于周室，子路谋曰：『由闻周之徵藏史有老聃者，免而归居，夫子欲藏书，则试往因焉。』孔子曰：『善。』

往见老聃，而老聃不许，于是缁十二经以说。老聃中其说，曰：『大谩，愿闻其要。』孔子曰：『要在仁义。』老聃曰：『请问：仁义，人之性邪？』孔子曰：『然。君子不仁则不成，不义则不生。仁义，真人之性也，又将奚为矣？』老聃曰：『请问：何谓仁义？』孔子曰：『中心物恺，兼爱无私，此仁义之情也。』老聃曰：『意，几乎后言！夫兼爱，不亦迂乎！无私焉，乃私也。夫子若欲使天下无失其牧乎？则天地固有常矣，日月固有明矣，星辰固有列矣，禽兽固有群矣，树木固有立矣。夫子亦放德[4]而行，循道而趋，已至矣！又何偈偈乎揭仁义，若击鼓而求亡子焉！意，夫子乱人之性也！』

【注释】

①敖：同『傲』，傲慢。

②胶胶：粘合在一起不能解开。

③西：向西，往西。
④放德：仿效天理。放，通『仿』。

【译文】

从前舜问尧说：『大王有什么样的用心呢？』尧说：『我不轻视庶民百姓，不抛弃穷苦人民，悲悯死者，爱护孩子又同情妇女，这就是我用心所在。』舜说：『确实很好，只是还不够伟大。』尧说：『那么要怎样呢？』舜说：『自然形成而过程安宁，日月照耀，四时运行，像昼夜更替那样有规律，云飘荡而雨降一样。』尧说：『我真是纷扰多事啊！你相合于天道，我只是应对人事。』天地，自古以来是最伟大的，为黄帝、尧、舜共同赞美。所以古时候治理天下的人，还需要做什么呢？顺应天地规律就是了。

孔子想把书保存到西边的周王室去。子路为他谋划道：『我听说周王室有个管理文典的史官名叫老聃，已经解免职位归家闲居了，先生想要藏书，不妨暂且经过他家征求一下他的意见。』孔子说：『好。』

孔子前往拜见老聃，然而老聃对孔子的请求不予理睬，孔子就翻检众多经书反复劝解游说。老聃中途打断了孔子的游说，说：『你说得太空泛、复杂，希望能够听到有关这些书的精义。』孔子说：『精义就在于仁义。』老聃问道：『请问，仁义是人的本性吗？』孔子说：『是这样的。君子不施仁义就不能成其名声，假如不义就不能在社会中生存。仁义的确是人的本性，离开了仁义又能干些什么呢？』老聃说：『再请问，仁义的定义是什么？』孔子说：『中正而且和乐外物，包容而且没有偏私，这就是仁义的精髓实质。』老聃说：『噫！你后面所说的这许多话几乎都是浮浅且不实际的言辞！包容天下，这不是太迂腐了吗？无私地对待他人，真正目的是希望获得更多的人对自己的爱。先生你如果想让天下的人都不失去养育自身的能力的话，那么，天地原本就有自己的常存的规律，日月原本就存在光亮，星辰原本就有各自的排列顺序，禽兽原本就分群，树木原本就向上生长。先生你还是效仿天理的状态行事，顺着规律去遵循，这就是完美的了。又何必如此急切近利地高举仁义的大旗，这好比打着鼓去追击逃亡的人，鼓声越大逃得越远吗？噫！先生破坏了人的本来的天性啊！』

士成绮见老子而问曰：『吾闻夫子圣人也，吾固不辞远道而来愿见，百舍[1]重趼而不敢息。今观夫子，非圣人也，鼠壤有余蔬而弃妹，不仁也，生熟不尽于前，而积敛无崖。』老子漠然不应。

士成绮明日复见，曰：『昔者吾有刺于子，今吾心正郤矣，何故也？』老子曰：『夫巧知神圣之人，吾自以为脱焉。昔者子呼我牛也而谓之牛，呼我马也而谓之马。苟有其实，人与之名而弗受，再受其殃。吾服也恒服，吾非以服有服。』

士成绮雁行避影，履行遂进而问：『修身若何？』老子曰：『而容崖然，而目冲然，而颡頯然，而口阚然，而状义然，似系马而止也。动而持，发也机，察而审，知巧而睹于泰，凡以为不信。边竟[2]有人焉，其名为窃。』

老子曰：『夫道，于大不终，于小不遗，故万物备。广广乎其无不容也，渊渊乎其不可测也。形德仁义，神之末也，非至人孰能定之！夫至人有世，不亦大乎，而不足以为之累；天下奋棅而不与之偕；审乎无假而不与利迁；极物之真，能守其本。故外天地，遗万物，而神未尝有所困也。通乎道，合乎德，退仁义，宾[3]礼乐，至人之心有所定矣！』

世之所贵道者书也，书不过语，语有贵也。语之所贵者意也，意有所随。意之所随者，不可言传也，而世因贵言传书。世虽贵之哉，犹不足贵也，为其贵非其贵也。故视而可见者，形与色也；听而可闻者，名与声也。悲夫，世人以形色名声为足以得彼之情！夫形色名声果不足以得彼之情，则知者不言，言者不知，而世岂识之哉？

桓公读书于堂上。轮扁④斫轮于堂下，释椎凿而上，问桓公曰：『敢问，公之所读者何书邪？』公曰：『圣人之言也。』曰：『圣人在乎？』公曰：『已死矣。』曰：『然则君之所读者，古人之糟魄已夫！』桓公曰：『寡人读书，轮人安得议乎！有说则可，无说则死。』轮扁曰：『臣也以臣之事观之。斫轮，徐则甘而不固，疾则苦而不入。不徐不疾，得之于手而应于心，口不能言，有数存焉于其间。臣不能以喻臣之子，臣之子亦不能受之于臣，是以行年七十而老斫轮。古之人与其不可传也死矣，然则君之所读者，古人之糟魄已夫！』

【注释】

①百舍：旅行百日。

②竞：同『境』。

③宾：通『摈』，抛弃。

④轮扁：制造车轮的人。

【译文】

士成绮见到老子问道：『听说先生被称为圣人，我便不怕路途遥远跑过来，一心希望能见到你，一直走了上百天，脚掌上磨出厚厚的老茧也不愿停下来休息。今天我看到先生，不像个圣人。老鼠洞里挖出的泥土中有许多残留的食物，轻视并随意抛弃这些食物，不是仁义的表现。面前的生熟食物享用不尽，而聚敛财物没有限度。』老子仿佛没有听见似的不予回答。

第二天，士成绮再次见到老子，说：『昨日我用言语讽刺了你，今天我已有所悔悟，这是什么原因呢？』老子说：『对于巧智神圣的人，我自以为早已离开了这种人的行列。过去你叫我牛我就称作牛，叫我马我就称作马。假如拥有那样的外形，人们给他相应的称呼却不肯接受，这是双重的罪过。我顺应外物总是不加任何解释地顺应自然，我绝不是刻意为了迎合规律而顺应。』

士成绮像雁似的侧身而行不敢正视自己卑微的身影，小心翼翼地走向前来问道：『修身之道是怎样的呢？』老子说：『你神态岸然高傲，目光突视，额头矜傲，口张舌利，形貌巍峨，好像被拴住的奔马，身体虽不动但心仍在躁动。你意欲行动却强作安定，一旦行动就像箭发弩机，你明察而又精审，身怀智巧而外露傲慢之态，凡此种种都不是人的真实本性。偏远闭塞的地方有过这样的人，他们就叫作窃贼。』

先生说：『道，从大的方面说它没有边际，从小的方面说它没有遗漏，所以说存在于万物之中。广大啊，道没有什么不涵盖；深邃啊，道不可以揣测。推行刑罚德化与仁爱，这是精神衰败的体现，不是道德修养高尚的『至人』还有谁能判定它！道德修养高尚的『至人』如果居于统治天下的位置，不是很伟大吗？可是却不会成为他的拖累。天下人争相获取权威但他却不会随波逐流，审慎地不借助外物而又不为私利所动，追寻事物的本原，坚持事物的根本，所以忘乎天地，弃置万物，而内心世界不曾有过困扰。通晓于道，符合常规，辞却仁义，摈弃礼乐，『至人』的内心也就淡定而不乖违。

世人所敬仰的大道，是靠书籍来记载的。书中所记录的，仅仅是语言，语言的确有它宝贵的地方。语言之所以宝贵，在于它所表达的思想，而这思想又有它的言外之意。这言外之意，是难以用语言来传达的，而世人因重视语言，所以以书籍相传授。世人虽以书为贵，我却以为其算不上珍贵，因为世俗认为珍贵的并非是真正可贵的。因此，能够看得见的是形和色，能够听得见的是言与声。可悲啊！世人认为可以从形色和言声中获取事物的实情。形色言声真的不足以获取事物的实情，而明白的不说，说的不明白，世人又怎么能够了解呢？

齐桓公在堂上看书，轮扁在堂下打造车轮，他放下手中的椎子和凿子走上堂来，问桓公："请问，你读的是什么样的书？"桓公回答道："是圣人之言论。"轮扁说："圣人还在世吗？"桓公说："已经死去。"轮扁说："既然如此，那么你研读的书，不过是古人的糟粕而已！"桓公说："我在读书，制作车轮的工匠怎能随便议论！能说出个道理来就算了，要是说不出就将你处死。"轮扁说："我是从我所做的事来分析的。打造车轮，榫眼太宽就容易滑动而不牢固，榫眼过紧，就会钝涩而难入，不宽不紧，才能得心应手，嘴上虽然表达不出来，但是有一种奥妙的技巧表现在这制作的过程中。我不能把它明白地告诉给我的儿子，我的儿子也不能从我这里完全领悟过去，所以我已经七十岁了还在打造车轮。古人和他那无法言表的东西都已一同消失了，那么您所看的书，不过是古人的糟粕而已！"

【品读】

跟《天地》篇一样，本篇中心还是倡导"无为"。所谓"天道"，也就是自然的规律，不可抗拒，也不可改变。

全文大体分成八个部分。第一部分至『谓之天乐』，指出自然规律不停地运行，万事万物全都自我运动，因而圣明之道只能是宁寂而又无为。第二部分至『以畜天下也』，紧承上段讨论『天乐』，指出要顺应自然而运动，混同万物而变化。第三部分至『非上之所以畜天下也』，提出帝王无为、臣下有为的主张，阐明一切政治活动都应遵从固有的规律，强调事事皆有顺序，而尊卑、男女也都是自然的顺序，这不仅违背了庄子『齐物』的思想，而且还给统治者统治臣民披上了合乎哲理的外衣。第四部分至『天地而已矣』，借尧与舜的对话，说明治理天下应当效法天地的自然。第五部分至『夫子乱人之性也』，写孔子与老聃的对话，指出事事皆应遵循自然规律，指出『仁义』正是『乱人之性』。第六部分至『其名为窃』，写老子顺应外物的态度，同时抨击智巧骄恣之人。第七部分至『至人之心有所定矣』，指出要『退仁义』『宾礼乐』，从而做到『守其本』而又『遗万物』，即提倡无为的态度。余下为第八部分，说明事物的真情本不可以言传，所谓圣人之言，乃是古人留下的糟粕。

本篇内容历来非议者颇多，特别是第三部分，背离庄子的思想太远，因而被认为是庄派后学者受儒家思想影响而作。

天运

『天其运乎？地其处乎？日月其争于所乎？孰主张是？孰维纲[1]是？孰居无事而推行是？意者其有机缄而不得已乎？意者其运转而不能自止邪？云者为雨乎？雨者为云乎？孰隆施是？孰居无事淫乐而劝是？风起北方，一西一东，在上彷徨。孰嘘吸是？孰居无事而披拂是？敢问何故？』

巫咸祒曰：『来！吾语女。天有六极五常，帝王顺之则治，逆之则凶。九洛之事，治成德备，监照②下土，天下戴之，此谓上皇。』

商太宰荡问仁于庄子。庄子曰：『虎狼，仁也。』曰：『何谓也？』庄子曰：『父子相亲，何为不仁？』曰：『请问至仁。』庄子曰：『至仁无亲。』太宰曰：『荡闻之，无亲则不爱，不爱则不孝。谓至仁不孝，可乎？』

庄子曰：『不然。夫至仁尚矣，孝固不足以言之。此非过孝之言也，不及孝之言也。夫南行者至于郢，北面而不见冥山，是何也？则去之远也。故曰：以敬孝易，以爱孝难；以爱孝易，而忘亲难；忘亲易，使亲忘我难；使亲忘我易，兼忘天下难；兼忘天下易，使天下兼忘我难。夫德遗尧、舜而不为也，利泽施于万世，天下莫知也，岂直太息而言仁孝乎哉！夫孝悌仁义，忠信贞廉，此皆自勉以役其德者也，不足多也。故曰：至贵，国爵并③焉；至富，国财并焉；至愿，名誉并焉。是以道不渝。』

【注释】

①维纲：维系。

②监照：由上照下。

③并：除弃，屏弃。

【译文】

『天体变化不止吗？大地在静止不动吗？日月在竭力回归自己的位置吗？谁安排了这些？谁操控这些？谁这么有闲情来管理它们各司其职？难道是有机械控制着迫不得已这样吗？还是一直运动的惯性使它

没办法停下来？云制造了雨吗？雨催生了云吗？是谁在起云播雨？是谁闲着没事为了欢乐促成了这些事？风从北方吹来，一会吹向东，一会吹向西，一会儿又上升高空盘旋环绕。这是谁在呼吸吗？是谁闲来无事鼓动吹煽出来的吗？这都是什么原因呢？』

巫咸祒说：『过来，我告诉你。天有上下四方六个方面和金木水火土五行，君主顺应它天下便安定，违背它便有混乱和祸害。普天下的各种事情都有理有序，德业都齐备，光照人间，天下人都拥戴支持，这叫至上之天子。』

宋国的太宰荡向庄子请教有关仁爱的问题。庄子回答说：『虎和狼也有仁爱之心。』太宰荡说：『此话怎讲？』庄子说：『虎和狼这类动物的父子之间相互亲爱，为什么不能叫作仁爱呢？』太宰荡又问：『请问仁的最高境界又是什么？』庄子说：『最高境界的仁爱就是没有亲。』太宰荡说：『我听说，不亲近就不会有爱，没有爱就不会有孝，这么说最高境界的仁爱就是不孝，对吗？』

庄子回答说：『不是这样的。最高境界的仁的确值得崇尚，孝确实不足以说明它。这并不是要批评行孝的言论，只是不涉及行孝的言论。往南方走的人到了楚国都城郢之后，转向北方也看不见北面的冥山，这是为什么呢？因为距离冥山遥远。所以说：「用恭敬的态度来行孝容易，用仁爱之心来行孝困难；用仁爱之心来行孝容易，用沉静淡定的态度对待父母困难；沉静淡定地对待双亲容易，使双亲也能沉静淡定地对待自己困难；使双亲沉静淡定地对待自己容易，能同时沉静淡定地对待天下人困难；沉静淡定地对待天下人容易，使天下人能同时忘却自我困难。」德行遗失尧、舜而致无为，恩泽覆盖于万世，而天下人却没有谁意识到，又怎么会赞叹仁与孝呢！孝、悌、仁、义、忠、信、贞、廉，这些都是用来勉励自身而限制真性的，并不值得赞赏。所以说：「最高贵的人，一国的爵位都可以随同自我而抛弃；最富有的人，一国的财富都能够随同知足的心态而舍弃；最大的显赫，名声和荣誉都可以随同超越本性而泯灭。」所以，真正的大道是永恒不变的。』

北门成问于黄帝曰：『帝张咸池之乐于洞庭之野，吾始闻之惧，复闻之怠，卒闻之而惑，荡荡默默，乃不自得①。』

帝曰：『汝殆其然哉！吾奏之以人，徵之以天，行之以礼义，建之以大清。夫至乐者，先应之以人事，顺之以天理，行之以五德，应之以自然。然后调理四时，太和万物。四时迭起，万物循生；一盛一衰，文武伦经；一清一浊，阴阳调和，流光其声；蛰虫始作，吾惊之以雷霆。其卒无尾，其始无首。一死一生，一偾一起，所常无穷，而一不可待。汝故惧也。

『吾又奏之以阴阳之和，烛之以日月之明。其声能短能长，能柔能刚；变化齐一，不主故常；在谷满谷，在坑满坑；涂郤守神，以物为量。其声挥绰，其名高明。是故鬼神守其幽，日月星辰行其纪。吾止之于有穷，流之于无止。子欲虑之而不能知也，望之而不能见也，逐之而不能及也。傥然②立于四虚之道，倚于槁梧而吟：「目知穷乎所欲见，力屈乎所欲逐，吾既不及，已夫！」形充空虚，乃至委蛇。汝委蛇，故怠。

『吾又奏之以无怠之声，调之以自然之命。故若混逐丛生，林乐而无形；布挥而不曳，幽昏而无声。动于无方，居于窈冥。或谓之死，或谓之生，或谓之实，或谓之荣。行流散徙，不主常声。世疑之，稽于圣人。圣也者，达于情而遂于命也。天机不张而五官皆备，此之谓天乐，无言而心说。故有焱氏为之颂曰：

「听之不闻其声，视之不见其形，充满天地，苞裹六极。」汝欲听之而无接焉，而故惑也。

『乐也者，始于惧，惧故祟；吾又次之以怠，怠故遁。卒之于惑，惑故愚。愚故道③，道可载而与之惧也。』

【注释】

①不自得：自我消融在音乐的意境中，不能自主。

②傥然：无心的样子。

③愚故道：混沌愚昧则与大道合一。

【译文】

北门成向黄帝问道：『你在广阔的原野上演奏咸池乐曲，我开始听起来感到恐惧，再听下去就渐渐松缓下来，听到最后却又感到迷惑不解，神情恍惚浑然无知，继而不知所措。』

黄帝说：『你理应会有那样的感觉吧！我因循本性来演奏乐曲，效法自然的规律，用礼义加以指导，用天道来确立。最美妙最高尚的乐曲，总是用感情来顺应，用天道来因循，用五德来推演，用自然来衬托，然后方才调理于四季的顺序，跟天地万物和谐。乐声犹如四季交替而起，万物都遵循这一变化而栖息繁衍；忽而繁茂忽而衰败，春季的生机和秋季的萧条都在有条不紊地交替。忽而清新忽而浊重，阴阳相互调配融合，散发光辉和与之对应的声响，犹如从冬眠中苏醒的虫豸开始活动，我用雷霆使它们惊起。乐声的终结寻不到尾声，乐声的开始寻不到前奏；一会儿消逝一会儿兴起，一会儿偃息一会儿高亢；变化的方式无穷无尽，却不可以有何期待。因此你会感到惶恐不安。

『我又用阴阳的交替来演奏，用日月的光辉来感染整个乐曲。于是乐声能短能长，能柔能刚，变化虽然参照着一定的原理，却并不拘泥于故态和常规。传播于山谷，山谷满盈，流淌于坑洼，坑洼充实。充实心灵的孔隙而使精神沉静持守，一切用外物来衡量。乐声悠扬空灵，可以称作高如上天、明如日月。因此连鬼神也能甘于幽暗，日月星辰也能持守在各自的轨道上。我时而把乐声附着在一定的境界里，而乐声的情感却流播在无穷无尽的天地中。我想琢磨它却不能知晓，我寻找它却不能看见，我追随它却总不能赶上；只能无心地伫立在通达四方而无边无垠的衢道上，靠着几案吟咏。目光和智慧纠结于一心想要参透的事物，尽心竭力于一心想要追求的东西。我早已经被甩远了啊！形体充盈却又仿佛不复存在，方能适应变化。你适应变化，因此惊恐不安的情绪渐渐平息下来。

『我又奏起振作而不懈怠的音乐，使其符合自然规律。所以像众多蓬勃的生命相互竞逐，像众多的乐器演奏却又浑然天成；声音传播扩散又不受制约，恍恍惚惚好像什么也听不到。这声音的来源无法判断，存在于幽远玄妙的境地，有人认为它已经消散，有人认为它一直在响；有人说它像果实累累，有人说它仿佛花儿正灿烂。音乐的流播扩散与变幻，都不固守旧路。世人感到迷惑，便向圣人求教答案。所谓圣人，与万物之本相通畅又能遵从自然规律的人。自然并不被运用，但五官本来却是齐全的。这就叫作天然的音乐，就如不用语言表达就能内心快乐一般。因此神农歌唱道：「听却并没听到声音，看也看不到形象，流播遍及整个世界，包括了整个的宇宙。」你想听它却无法听懂，因而感到迷惑。

『这种音乐啊，开始时令人恐惧，恐惧使心神受损；我又继续演奏舒缓的音乐，轻松舒弛，所以恐惧的感觉便没有了；最后的乐章使人进入失落状态，感觉失落因而能淳朴愚昧。淳朴愚昧便与道体合一，返璞归真便能体验大道并永远与道在一起了。』

孔子西游于卫。颜渊问师金曰：『以夫子之行为奚如？』师金曰：『惜乎，而夫子其穷哉！』颜渊曰：『何也？』

师金曰：『夫刍狗①之未陈也，盛以箧衍，巾以文绣，尸祝齐戒以将之。及其已陈也，行者践其首脊，苏者取而爨之而已；将复取而盛以箧衍，巾以文绣，游居寝卧其下，彼不得梦，必且数眯焉。今而夫子，亦取先王已陈刍狗，聚弟子游居寝卧其下。故伐木于宋，削迹于卫，穷于商周，是非其梦邪？围于陈蔡之间，七日不火食，死生相与邻，是非其眯邪？

『夫水行莫如用舟，而陆行莫如用车。以舟之可行于水也而求推之于陆，则没世不行寻常。古今非水陆与？周鲁非舟车与？今蕲行周于鲁，是犹推舟于陆也，劳而无功，身必有殃。彼未知夫无方之传，应物而不穷者也。

『且子独不见夫桔槔者乎？引之则俯，舍之则仰。彼，人之所引，非引人也，故俯仰而不得罪于人。故夫三皇五帝之礼义法度，不矜于同而矜于治。故譬三皇五帝之礼义法度，其犹柤梨橘柚邪！其味相反而皆可于口。

『故礼义法度者，应时而变者也。今取猨狙而衣以周公之服，彼必龁啮挽裂，尽去而后慊。观古今之异，犹猨狙之异乎周公也。故西施病心而矉②其里，其里之丑人见之而美之，归亦捧心而矉其里。其里之富人见之，坚闭门而不出；贫人见之，挈妻子而去之走。彼知矉美而不知矉之所以美。惜乎，而夫子其穷哉！』

【注释】

①刍狗：用草扎成的狗，作为祭祀物品。

②矉：同「颦」，蹙额。

【译文】

孔子向西方巡游到卫国。颜渊向师金问道：『你认为夫子这次卫国之行怎么样？』师金说：『可惜呀，你的先生必定会遭遇困顿啊！』颜渊又问：『为什么呢？』

师金回答说：『用草编成的狗用于祭祀之前，一定会用竹制的箱笼来装着，并披上绣有图纹的饰物，祭祀主持人斋戒后迎送着。等到它已完成祭祀，路人踩踏它的头颅和脊背，拾草的人捡回去用于烧火煮饭罢了；想要再次寻回用于祭祀而拿竹筐装着它，拿绣有图纹的饰物覆盖它，玩耍居处于主人的左右，即使它不做恶梦，也会一次又一次地感受到恶梦似的压抑。如今你的先生，也是在效法先王已经完成祭祀的草扎之狗，并聚集众多弟子游玩居处于他的身边。所以在宋国大树下讲习礼法而大树遭到砍伐，在卫国游说而被除去了所有的足迹，在殷地和东周游历遭遇困顿，这不就是那样的恶梦吗？在陈国和蔡国之间被围困，整整七天没有生火煮饭，让死和生成了近邻，这不就是那压得他喘不过气来的梦魇吗？』

『在水上通行不如用船，在陆上行走不如用车。因为船能够在水中划行便妄想推到陆地上行走，那么终身也不会走出多远。古今的差别不就像水面和陆地的差别吗？周和鲁的差别不就像船和车的差别吗？如今想把周朝的制度传播到鲁国去，这就好像把船推到陆地上行走一样，只会徒劳而无功，自身也难免受到殃及。他不懂得像圆心那样永恒不变的道德传统，是可以与时俱进普遍适用的大道。』

『况且，你没有看见过取水的桔槔吗？向下拉它就往下降，放开手它就往上仰。那吊杆，它是被人所牵引，并不是用来牵引人的，所以或俯或仰均不得怪罪于人。因此，远古三皇五帝时期的礼义法度，不贵于古今相同，而贵于能使天下太平。三皇五帝时期的礼义法度，就好比祖、梨、橘、柚四种果子！它们的味道各不相同却都很甜美。』

『所以，礼义法度，都是随着时代变化的。如今捉来猿猴给它穿上周公的服装，它必定会咬碎或撕裂，直到全部剥光才能心满意足。观察古今的差异，就好比猿猴不同于周公。从前西施心口疼痛，总是捂着胸口皱着眉头，邻里的一个丑女人看见了，认为捂着胸口皱着眉头很美，回去后也在村里捂着胸口皱着眉头。邻里有钱人看见了，紧闭家门而不敢出门；穷人看见了，带着妻儿子女远远地避开了。那个丑女人只感觉到皱着眉头美，却不知道为什么皱着眉头会美。可惜呀，先生的策略是行不通的啊！』

孔子行年五十有一而不闻道，乃南之沛见老聃。老聃曰：『子来乎？吾闻子，北方之贤者也，子亦得道乎？』孔子曰：『未得也。』老子曰：『子恶乎求之哉？』曰：『吾求之于度数①，五年而未得也。』老子曰：『子又恶乎求之哉？』曰：『吾求之于阴阳，十有二年而未得也。』

老子曰：『然。使道而可献，则人莫不献之于其君；使道而可进，则人莫不进之于其亲；使道而可以告人，则人莫不告其兄弟；使道而可以与人，则人莫不与其子孙。然而不可者，无它也，中无主而不止，外无匹而不行。由中出者，不受于外，圣人不出；由外入者，无主于中，圣人不隐。名，公器也，不可多取。仁义，先王之蘧庐也，止可以一宿而不可久处，觏而多责。

『古之至人，假道于仁，托宿于义，以游逍遥之虚，食于苟简之田，立于不贷之圃。逍遥，无为也；苟简，易养也；不贷，无出也。古者谓之采真②之游。

『以富为是者，不能让禄；以显为是者，不能让名；亲权者，不能与人柄。操之则栗，舍之则悲，而一无所鉴，以窥其所不休者，是天之戮民也。怨、恩、取、与、谏、教、生、杀，八者，正之器也，唯循大变无所湮者为能用之。故曰：正者，正也。其心不以为不然者，天门弗开矣。』

【注释】

①度数：制度条款。

②采真：神采纯真。

【译文】

孔子五十一岁还不通晓大道，于是从鲁国向南行来到楚国沛地，去拜见老子。老子问他：『你来了吗？我听说你是北方的君子，你也想领悟大道吗？』孔子回答说：『还没有悟到。』老子问：『你是从何处感悟大道的呢？』孔子回答说：『我通过制度名数去寻求大道，五年却没有领悟。』老子又问：『你又从何处去寻求大道呢？』孔子回答说：『我通过天地造化寻求大道，十二年还是没有领悟。』

老子说：『是这样的。如果大道可以贡献，那么人们都会把它献给自己君主；如果大道可以奉送，那么人们都会把它奉送给自己父母；如果大道可以讲述给人，那么人们都会把它讲述给自己兄弟；如果大道可以传授给人，那么人都会把它传授给自己子孙。然而大道是不能传授予人的，并没有别的原因，心中没有领悟大道的内涵，是留不住大道的，自内表露到外的品性如果不合于道，就不能被外界接受。由心流露的思想，如果不为外界所接受，圣人就不会把它表现出来；由外界进入内心的东西，如果不合于自己的思想，圣人就不会把它留存于心中。名誉，是天下人所共用的工具，不能过多占有。仁义，是先王的遗德，只可以停留一宿，而不应久处其间，否则看到的人都会予以批评。

『古代道德修养高的人，对于仁爱来说只是借路，对于道义来说只是暂住，而游历于自由自在、无拘无束的境地，生活于糊涂简单、无奢无华的境界，立身于从不施与的园圃。自由自在、无拘无束，便是无为；糊涂简单、无奢无华，就容易生存；从不施与，就没有损耗。古代将这种情况叫作风貌真实的得道之行。』

『认为财富可贵的人，不会把利益让给别人；认为地位可贵的人，不会把名望让给别人；贪恋权势的人，不会把权柄交给别人。掌握了利禄、名声和权势便唯恐丧失而整日担心害怕，而放弃上述东西又会悲苦悔恨，而且全然不清楚自己不懈追求的是什么的人，是大自然要惩罚的人。怨恨、恩惠、获取、施与、谏诤、教化、生存、杀戮，这八种行为全是用来端正他人的手段，只有遵循自然的规律而无所停滞的人才能够运用它。所以说，所谓正，就是使人行走正道。内心里的思想与之相反，那么自然之门就永远不可能打开。』

孔子见老聃而语仁义。老聃曰：『夫播糠[1]眯目，则天地四方易位矣；蚊虻噆肤，则通昔不寐矣。夫仁义憯然，乃愤吾心，乱莫大焉。吾子使天下无失其朴，吾子亦放风而动，总德而立矣！又奚杰然若负建鼓而求亡子者邪！夫鹄不日浴而白，乌不日黔而黑。黑白之朴，不足以为辩；名誉之观，不足以为广。泉涸，鱼相与处于陆，相呴[2]以湿，相濡以沫，不若相忘于江湖。』

孔子见老聃归，三日不谈。弟子问曰：『夫子见老聃，亦将何规哉？』

孔子曰：『吾乃今于是乎见龙！龙，合而成体，散而成章，乘乎云气而养乎阴阳。予口张而不能嗋[3]，予又何规老聃哉？』

子贡曰：『然则人固有尸居而龙见，渊默而雷声，发动如天地者乎？赐亦可得而观乎？』遂以孔子声见老聃。

老聃方将倨[4]堂而应，微曰：『予年运而往矣，子将何以戒我乎？』子贡曰：『夫三皇五帝之治天下不同，其系声名一也。而先生独以为非圣人，如何哉？』

老聃曰：『小子少进！子何以谓不同？』对曰：『尧授舜，舜授禹，禹用力而汤用兵，文王顺纣而不敢逆，武王逆纣而不肯顺，故曰不同。』

老聃曰：『小子少进！余语汝三皇五帝之治天下。黄帝之治天下，使民心一，民有其亲死不哭而民不非也；尧之治天下，使民心亲，民有为其亲杀其杀而民不非也；舜之治天，使民心竞，民孕妇十月生子，子生五月而能言，不至乎孩而始谁，则人始有天矣。禹之治天下，使民心变，人有心而兵有顺，杀盗非杀，人。自为种而天下耳，是以天下大骇，儒墨皆起。其作始有伦，而今乎妇女，何言哉！余语汝，三皇五帝之治天下，名日治之，而乱莫甚焉。三皇之知，上悖日月之明，下睽川之精，中堕四时之施。其知憯于蛎虿之尾，鲜规之兽，莫得安其性命之情者，而犹自以为圣人，不可耻乎？其无耻也！』子贡蹴蹴然立不安。

孔子谓老聃曰：『丘治《诗》《书》《礼》《乐》《易》《春秋》六经，自以为久矣，孰知其故矣，以奸[5]者七十二君，论先王之道而明周、召之迹，一君无所钩用。甚矣！夫人之难说也，道之难明邪？』

老子曰：『幸矣，子之不遇治世之君也！夫六经，先王之陈迹也，岂其所以迹哉！今子之所言，犹迹也。夫迹，履之所出，而迹岂履哉！夫白鶂之相视，眸子不运而风化；虫，雄鸣于上风，雌应于下风而风化。类自为雌雄，故风化。性不可易，命不可变，时不可止，道不可壅。苟得于道，无自而不可；失焉者，无自而可。』

孔子不出三月，复见曰：『丘得之矣。乌鹊孺，鱼傅沫，细要者化，有弟而兄啼。久矣夫丘不与化为人！不与化为人，安能化人！』

老子曰：『可。丘得之矣！』

【注释】

①播：播扬。糠：谷物皮屑也。

②呴：吐气。

③噆：合拢嘴。

④倨：通『踞』，坐。

⑤奸：借为『迁』。迁，进。

【译文】

孔子拜见老聃，与他讨论有关仁义的问题。老聃说：『播扬的糠屑迷了眼睛，那么天地四方看起来也会乱了方位；蚊子虻虫叮咬皮肤，则通宵无法入睡。仁义给人的毒害就是使人们昏庸糊涂，没有什么祸患比仁义更为厉害的了。你要想天下不丧失自然淳朴的本性，你就该像风一样自由随意地行动，按照自然规律行事！又何必竭力去宣扬仁义，像敲着鼓寻找丢失的孩子一样呢！天鹅并没有天天沐浴，羽毛自然洁白，乌鸦也没有天天染色而毛色自然乌黑。乌鸦的黑和天鹅的白都是事物之本性，没有必要去辨别谁优谁劣。名声和荣誉，更不足以使本性增加什么。泉水干涸了，鱼儿依偎着，伏在陆地上，相互吐泡沫沾湿对方，与其这样，倒不如在江湖中相互遗忘。』

孔子见老聃回来，整整三天没有讲话。弟子们问道：『先生去拜见老聃，对他做了什么劝解吗？』

孔子回答说：『我直到今天才在老聃那里见识到了真正的龙！龙，集合多种生物特征于一体，分散开来又成为华美的文彩，腾云驾雾而养息于阴阳之间。我见了他惊诧得合不拢嘴，我又哪能对老聃做出劝解呢！』

子贡说：『这样说来，人本来就可以静坐如尸而神游如龙，似深渊般沉静而又蕴涵惊雷般的声音，发生和运动犹如天地一般变幻莫测的吗？我也能拜见他并亲自体察吗？』于是子贡借助孔子的声望前去拜见老聃。

老聃正伸腿坐在堂上，轻声地问道：『我年老体迈，你打算用什么来劝告我呢？』子贡回答说：『远古时期三皇五帝治理天下的方式各不相同，然而却都有好的名望，唯独先生您不把他们当作圣人，这是为什么呢？』

老聃说：『年轻人，你靠到近前来！你凭什么说他们有所不同？』子贡回答：『尧禅让给舜，舜禅让给禹，禹竭力治水而汤竭力征伐，文王顺从商纣不敢轻易背逆，武王背逆商纣而不顺从，所以说各不相同。』

老聃说：『年轻人，你再稍微靠近些！我跟你讲讲三皇五帝治理天下的事。黄帝治理天下，使百姓心地淳厚保持本真，百姓之中有人死了双亲并不哭泣，人们也不会加以责备。唐尧治理天下，号召百姓敬重双亲，百姓有谁为了敬重双亲杀掉父母的仇人，人们同样也不会责备。虞舜治理天下，号召百姓相互竞争，怀孕的妇女十个月生下孩子，孩子生下五个月就张口学话，还没长到两三岁就开始识人问事，此时开始出现夭折短命的现象。夏禹治理天下，百姓心怀变诈，人人存有智巧之心因而动用武器成了理所当然之事，杀死盗贼不算大罪，人们各自结成团伙而放纵于天下，所以百姓大受惊扰，儒家、墨家都纷纷而起。他们开始时也还有伦有理，可是时至今日就形同泼妇了。还有什么可说呢！我告诉你，三皇五帝治理天下，名义上叫作治理，而扰乱人的本性和真情没有什么比他们更严重的了。三皇的思想就只是，对上而言遮掩了日月的光辉，对下而言淹没了山川的精粹，就中而言扰乱了四时的推移。他们的思想比蛇蝎之尾还恶毒，就连奇异的兽类，也不可能使本性和真情获得安宁，何况还自以为是圣人。是不认为可耻，还是不知道廉耻呢？』子贡听了心神不定，惊惶不安地站着。

孔子对老聃说：『我本认为研究《诗》《书》《礼》《乐》《易》《春秋》六经，时间已经很长了，已经熟知其中的典故了，于是用这种知识去拜见七十二位君主，给君主讲述先王的治国之道，讲述周公、召公的功绩，却没有被一位君主听取。太困难了！是国君难以说服呢，还是道很难说明白呢？』

老子说：『真是运气足够好啊，你不曾遇到过治世的国君！所指的六经，不过是先王留下的陈旧遗迹罢了，哪里是先王遗迹的真实面目！现在你所讲的东西，就好比是足迹；足迹是脚踩出来的，然而足迹难道与脚相同吗！白鸱相互而视，就连眼珠需要转动便自然受孕；虫，雄的在上方鸣叫，雌的在下方相应而受孕；雌雄同体的生物，不待交合而生子。本性不可更改，天命不能改变，时光不会停滞，大道不会阻塞。

假如掌握真正的道，没有什么行不通的；假使失去了，无论怎么都行不通。』

孔子三个月闭门不出，再次去拜访老子说：『我终于参透了。乌鸦喜鹊在巢里孵化而生，鱼儿依靠水里的泡沫生育，蜂类自我孵化，弟弟出生哥哥就常常啼哭。我太长时间没有能跟造化为友！不能跟造化为友，又怎么能教化他人？』

老子听完后说道：『好。孔丘真的明白了！』

【品读】

所谓『天运』，即宇宙各种自然现象无心运行而自动。

『天运』的内容跟《天地》《天道》差不多，仍是主要讨论无为而治。所谓『天运』，即各种自然现象无心运行而自动。

全文大体可以分为七个部分，第一部分至『此谓上皇』，就日、月、云、雨等自然现象提出疑问，这一切都是自身运动的结果，因而『顺之则治』『逆之则凶』。第二部分至『是以道不渝』，写太宰荡向庄子请教，说明『至仁无亲』的道理。第三部分至『道可载而与之俱也』，写黄帝对音乐的谈论，『至乐』『听之不闻其声』，但却能『充满天地，苞裹六极』，因而给人以迷惑之感，但正是这种无知无识的浑厚心态接近于大道，保持了本真。第四部分至『而夫子其穷哉』，写师金对孔子周游列国推行礼制的评价，指出古今变异因而古法不可效法，必须『应时而变』。第五部分至『天门弗开矣』，借老聃对孔子的谈话来谈论道，指出名声和仁义都是身外的器物与馆舍，可以止宿而不可以久处，真正需要的则是『无为』。第六部分至『子贡蹴蹴然立不安』，写老聃对仁义和三皇五帝之治的批判，指出仁义对人的本性和真情的扰乱毒害至深，以至使人昏愦糊涂，而三皇五帝之治天下，实则是『乱莫甚焉』，其毒害胜于蛇蝎之尾。余下为第七部分，写孔子得道，进一步批判先王之治，指出唯有顺应自然变化方才能够教化他人。

刻意

刻意尚行，离世异俗，高论怨诽，为亢[①]而已矣。此山谷之士，非世之人，枯槁赴渊者之所好也。语仁义忠信，恭俭推让，为修而已矣；此平世之士，教诲之人，游居学者之所好也。语大功，立大名，礼君臣，正上下，为治而已矣；此朝廷之士，尊主强国之人，致功并兼者之所好也。就薮泽，处闲旷，钓鱼闲处，无为而已矣；此江湖之士，避世之人，闲暇者之所好也。吹呴呼吸，吐故纳新，熊经[②]鸟申，为寿而已矣；此道引之士，养形之人，彭祖寿考者之所好也。

若夫不刻意而高，无仁义而修，无功名而治，无江海而闲，不道引而寿，无不忘也，无不有也。淡然无极而众善从之。此天地之道，圣人之德也。

故曰：夫恬惔寂寞，虚无无为，此天地之平而道德之质也。

故曰：圣人休休焉[③]则平易矣，平易则恬惔矣。平易恬惔，则忧患不能入，邪气不能袭，故其德全而神不亏。

故曰：圣人之生也天行，其死也物化。静而与阴同德，动而与阳同波。不为福先，不为祸始。感而后应，迫而后动，不得已而后起。去知与故，遁天之理。

故无天灾，无物累，无人非，无鬼责。其生若浮，其死若休。不思虑，不豫谋。光矣而不耀，信矣而不期。其寝不梦，其觉无忧。其神纯粹，其魂不罢。虚无恬惔，乃合天德。

故曰，悲乐者，德之邪也；喜怒者，道之过；好恶者，德之失也。故心不忧乐，德之至也；一而不变，静之至也；无所于忤，虚之至也；不与物交，惔之至也；无所于逆，粹之至也。

故曰，形劳而不休则弊，精用而不已则劳，劳则竭。水之性，不杂则清，莫动则平；郁而不流，亦不能清；天德之象也。

故曰纯粹而不杂，静一而不变，惔而无为，动而以天行，此养神之道也。夫有干越之剑者，柙而藏之，不敢用也，宝之至也。精神四达并流，无所不极，上际于天，下蟠于地，化育万物，不可为象，其名为同帝④。

纯素之道，唯神是守。守而勿失，与神为一。一之精通，合于天伦。野语有之曰：『众人重利，廉士重名，贤人尚志，圣人贵精。』故素也者，谓其无所与杂也；纯也者，谓其不亏其神也。能体纯素，谓之真人。

【注释】

①亢：高傲。

②经：攀援。

③休休焉：宽容的样子。

④同帝：与天帝同。

【译文】

锻炼心志使品行高尚，超凡脱俗于尘世，高傲无礼也天下无道，只是为了表现自己超凡脱俗。这是隐居山谷的士人，非毁时世之人，因不满现实而宁可伤害自己或投水自尽者所爱好的。谈论仁义忠信，讲究恭俭推让，为了修身而已。这是以治理天下为己任之士，以教诲世人为己任之人，经常四处游学，或者居家讲学者所喜好的。谈论建功立业，得到大名声，制定君臣的礼仪，确定等级尊卑，为了治理天下而已。这是在朝中为官之士，使君主尊显国力强大的人，建立功业兼并敌国者所喜好的。在湖边草丛间隐居，居住于安静的荒郊野外，终日钓鱼闲处，为了闲居自在罢了。这是栖身江湖海滨的隐士，遁逃现实，悠闲自得的人所喜好的。调养呼吸，吐故纳新，像熊那样在树枝上攀援，像鸟那样伸缩其脖颈，为了增加寿命而已。这是导气引体之士，养身之人，像彭祖那样的高寿者所喜好的。

至于那不磨砺心志而能行为高尚，不喧扬仁义而能修身养性，不追求功名而能通达天下，不隐逸江湖海滨而能得来闲适，不刻意保养而能长寿，一切完全无心，一切都会顺其自然地得到，心境淡泊虚旷而没有什么偏好，那么美好都会来依附。这就是天地的至纯大道，圣人的高尚道德。

所以说，淡泊、沉静、虚无、无为，这是天地的本相和道德的根本。

所以说，圣人息心于此，息心则平和不偏倚，平和不偏则淡泊沉静。平和恬淡，那么烦恼就不能侵入内心，邪恶就不能袭扰机体，因此他的自然本性完善而内心不受侵害。

所以说，圣人活着的时候能够顺应自然规律而活动，死去后就能随着万物的变化而转化。他静止时与地阴同沉静，运动时又与天阳共活动。不会成为安乐之先导，也不会成为祸患的开端；受到外界触碰才会与天地阴阳相呼应，受到外物逼迫才会有所动作，不得已而后才会兴起。摒弃智巧伪诈，一切依照天理而行。

所以没有天灾，没有外物羁绊，没有他人非难，也没有鬼神斥责。把生看作水面漂浮的泡沫，把死看作劳累后的休息。不须愁思，也不须提前谋划。明亮而不耀眼，守信却不执守约定。睡觉时不做梦，醒来时没有忧愁，其精神纯净不染，其灵魂从不疲惫。虚无恬淡，就与自然本性相契合了。

所以说，悲伤与欢乐，都会使本性流于邪僻；高兴和愤怒，都是有背大道的罪过；喜好与憎恶，都会使人远离本性。因此心里没有烦恼与愉悦，就是道德之最高境界；坚守虚静无为之道而不变，就是沉静心态的最高境界；于外物无所抵触，就是虚静的最高境界；不与外物混杂，就是恬淡的最高境界；于外物无所抵触，就是纯一的最高境界。

所以说，身体劳累而不休息那样就会疲惫不堪，精力使用过度而不放松那样就会元气劳损，元气劳损就会心力交瘁。水的本性，不混杂就会清澈，不搅动就会静止，闭塞不流动也不会纯净，这是自然存在的现象。

所以说，纯洁精粹而不混杂，静寂持守而不变化，恬淡而又无为，运动则顺应自然而行，这就是养神的方法。今有吴越地方生产的宝剑，用匣子秘藏起来，不敢随意使用，因为是极为珍贵的。精神可以通达四方，没有什么地方不可覆盖，上触及苍天，下遍及大地，繁衍万物，却又不可能寻觅到它的踪迹，它的称谓就叫作同于天帝。

纯净素朴的道，就是持守精神，持守精神而不失去本真，跟精神融为一体，融合就使神智畅通无碍，也就合于自然之理。俗语有这样的说法：『平庸的人看重私利，廉洁的人看重声望，贤能的人崇尚志向，圣哲的人偏爱素朴。』所以，素就是说没有什么与它杂糅，纯就是说自然赋予的东西没有污染。能够体察纯和素，就可称他为『真人』。

【品读】

『刻意』的意思就是磨砺自己的心志。本篇内容是讨论修养的，不同的人有不同的修养要求，只有『虚无恬淡』才合于『天德』，因而也才是修养的最高境域。全文较短，大体分成三个部分，第一部分至『圣人之德也』，分析了六种不同的修养态度，唯有第六种才值得称道，『澹然无极』才是『天地之道』『圣人之德』。第二部分至『此养神之道也』，讨论修养的方法，中心就是『无为』。余下为第三部分，提出『贵精』的主张，所谓『贵精』即不丧『纯』『素』，这样的人就可叫作『真人』。

缮性

缮性①于俗学，以求复其初；滑欲于俗思，以求致其明；谓之蔽蒙之民。

古之治道者，以恬养知；知生而无以知为也，谓之以知养恬。知与恬交相养，而和理出其性。夫德，和也；道，道也。德无不容，仁也；道无不理，义也；义明而物亲，忠也；中纯而行实，信也；体乎情而制文，礼也。顺乎容而饰节，乐也。礼乐遍行，则天下乱矣。彼正而蒙己德，德则不冒，冒则物必失其性也。

古之人，在混芒之中，与一世而得淡漠焉。当是时也，阴阳和静，鬼神不扰，四时得节，万物不伤，群生不夭，人虽有知，无所用之，此之谓至一。当是时也，莫之为而常自然。

逮德下衰，及燧人、伏羲始为天下，是故顺而不一。德又下衰，及神农、黄帝始为天下，是故安而不顺。德又下衰，及唐、虞始为天下，兴治化之流，枭淳散朴②，离道以善险德以行，然后去性而从于心。心与心识知，而不足以定天下，然后附之以文，益之以博。文灭质，博溺心，然后民始惑乱，无以反其性情而复其初。

由是观之，世丧道矣，道丧世矣。世与道交相丧也，道之人何由兴乎世，世亦何由兴乎道哉！道无以兴乎世，世无以兴乎道，虽圣人不在山林之中，其德隐矣。

隐，故不自隐。古之所谓隐士者，非伏其身而弗见也，非闭其言而不出也，非藏其知而不发也，时命大谬也。当时命而不行乎天下，则反一无迹；不当时命而大穷乎天下，则深根宁极而待；此存身之道也。

古之行身者，不以辩饰知，不以知穷天下，不以知穷德，危然处其所而反其性，己又何为哉！道固不小行③，德固不小识。小识伤德，小行伤道。故曰：正己而已矣。乐全之谓得志。

古之所谓得志者，非轩冕之谓也，谓其无以益其乐而已矣。今之所谓得志者，轩冕之谓也。轩冕在身，非性命也，物之傥来，寄也。寄之，其来不可圉，其去不可止。故不为轩冕肆志，不为穷约趋俗，其乐彼与此同，故无忧而已矣。今寄去则不乐，由是观之，虽乐，未尝不荒也。故曰：丧己于物，失性于俗者，谓之倒置之民。

【注释】

①缮性：修治本性。

②浇淳散朴：浇薄了纯厚，离散了质朴。

③小行：琐屑的行为。

【译文】

在世间修心养性，靠仁义礼智的来期求表现原始的真性；在世俗的影响下，内心的欲念已被改变，还一心希望能看得明白和让自己豁达。这就叫作不明事理的人。

以前研究道的人，常以让内心平静来调养心智；智慧慢慢形成却不用投机行事，用这样的智慧调养恬静。心智和恬静不断交错，和谐慢慢表露而出。德，就是谐和；道，就是顺应。德无时无刻不在，就叫作仁；道任何时刻都做，就叫作义。义理不断结合，就叫作忠；心中保持本真，就叫作乐；既有诚信又合乎礼仪的表观，就叫作礼。礼乐诚信处处有失，那么天下定然大乱了。每个人做好自己，并且注意修身养性，自己的品德端正，行为就不会冒犯他人，如果自己的品德不端正，行为冒犯别人，那么必将使自己的本性迷失。

古时候的人，生活在混沌原始之中，跟整个外部世界融为一体而且人们全都淡泊无为。那个时候，阴阳和谐而安宁，鬼神不来侵扰，四季依照时节而变化，万物都不受伤害，各种有生命的物体都能尽享天年，人们即使有智慧也没有可用之处，这就叫作最为完美的自然纯一境界。那个时候，无所作为而一切持守着天然。

直到后来道德衰落，到了燧人氏、伏羲氏开始执掌天下的时候，只能世事顺应自然却已不能浑然一体。道德再度衰落，到了神农氏和黄帝执掌天下的时候，只能平定天下却已不能顺应民心与物情。道德再度衰落，到了尧、舜执掌天下的时候，大兴教化之风，自然淳朴之风受到干扰与破坏，违背大道而行，很少有道德推行，然后抛弃本性而顺从于各自的私心。人们彼此间交往，即使有认知也不足以平定天下。然后又覆盖上浮华的文饰，增加了博学。文饰浮华破坏了质朴之风，博学溺惑了纯真的心灵，然后人民感觉到迷茫和纷乱，无法恢复到本来的样子。

由此看来，天地间丧失了自然之道，自然之道丧失于人世。世间和道交替丧失了，有道之人该如何立足于人世间，人世间又怎么能兴起道呢？道没有办法在人世间流传，人世间没有办法让道得以兴起，就算圣人没有藏在少有人烟的山野之中，他的德行也必将被深藏而不为人知。

隐蔽，却不是自己有意隐匿。古代的隐士，并不是隐藏起来不见人，并不是闭塞言论而不显示，也不是潜藏智慧而不显露，乃是时机相悖谬啊！合乎时代，而大行于天下，就可归于纯一的境界而不显形迹；不合乎时机而困穷于天下，就深藏缄默来等待。这是保存自身的方法。

古时保身的人，不用巧辩来当作智慧，不用机智困累天下，也不为追求不凡而困扰自身，复归自然本性，除此还做什么呢？道本不需要迁就世俗，德本来不需要智慧的辨别。分别智慧伤害德行，迁就世俗伤害大道。所以说端正自己就可以了。德志就是乐全天性的一种表现。

古代所谓得志的人，并不是获得荣华富贵，而是无以复加的喜乐。现在所说的得志，只是荣华富贵。

荣华富贵在身，并不出自本然，而是偶然得来，是临时寄托的东西。寄存而来的，没办法阻止，没办法留存。所以不要为荣华富贵放纵心志，也不要因穷困趋附世俗，身处荣华与穷困要一样的快乐，因此无所忧虑也就没有烦恼了。现今寄托的东西失去了便不快乐。可见，虽然快乐，内心何尝不空虚呢？所以说为追求物欲而丧失自己，为迎合世俗而失掉本性，就叫作本末倒置。

【品读】

所谓『缮性』就是修治生性。文章中心仍是讨论如何养性。

全篇大体分为三个部分。

第一部分至『冒则物必失其性也』，提出『以恬养知』的主张，认为遵从世俗必定不能『复其初』，只有自养而又敛藏，方能不『失其性』。

第二部分至『其德隐矣』，缅怀远古混沌鸿蒙、淳风未散的时代，并指出随着时代的推移德行逐渐衰退，以致不能返归本真，这都因为『文灭质』『博溺心』。

余下为第三部分，指出修治生性的要领是『正己』和『得志』，既能正己，又能自适，外物就不会使自己丧身失性，因而也就不会倒置本末。

本篇在论述道家理论中，还吸收和参杂某些儒家主张和《管子》书中《内业》《心术》篇的思想，表现一种综合的趋势。

秋水

秋水时至，百川灌河。泾流之大，两涘渚崖之间不辩牛马。于是焉河伯欣然自喜，以天下之美为尽在己。顺流而东行，至于北海，东面而视，不见水端。于是焉河伯始旋其面目，望洋向若①而叹曰：『野语有之曰，「闻道百，以为莫己若」者，我之谓也。且夫我尝闻少仲尼之闻而轻伯夷之义者，始吾弗信。今我睹子之难穷也，吾非至于子之门则殆矣，吾长见笑于大方之家。』

北海若曰：『井蛙不可以语于海者，拘于虚也；夏虫不可以语于冰者，笃于时也；曲士不可以语于道者，束于教也。今尔出于崖涘，观于大海，乃知尔丑，尔将可与语大理矣。天下之水，莫大于海，万川归之，不知何时止而不盈；尾闾泄之，不知何时已而不虚；春秋不变，水旱不知。此其过江河之流，不可为量数。而吾未尝以此自多者，自以比形于天地而受气于阴阳，吾在于天地之间，犹小石小木之在大山也。方存乎见少，又奚以自多！

『计四海之在天地之间也，不似礨空之在大泽乎？计中国之在海内，不似稊米之在大仓乎？号物之数谓之万，人处一焉；人卒九州，谷食之所生，舟车之所通，人处一焉。此其比万物也，不似毫末之在马体乎？五帝之所连，三王之所争，仁人之所忧，任士之所劳，尽此矣！伯夷辞之以为名，仲尼语之以为博。此其自多也；不似尔向之自多于水乎？』

河伯曰：『然则吾大天地而小毫末，可乎？』

北海若曰：『否。夫物，量无穷，时无止，分无常，终始无故。是故大知观于远近，故小而不寡，大而不多：知量无穷。证曏今故②，故遥而不闷，掇而不跂：知时无止。察乎盈虚，故得而不喜，失而不忧：

知分之无常也。明乎坦涂，故生而不说，死而不祸：知终始之不可故也。计人之所知，不若其所不知；其生之时，不若未生之时；以其至小，求穷其至大之域，是故迷乱而不能自得也。由此观之，又何以知毫末之足以定至细之倪③，又何以知天地之足以穷至大之域！』

【注释】

①若：海神。

②证曏今故：证明古与今都是一样的。

③倪：边界，端倪。

【译文】

秋雨时节，河水上涨，上百条河流都汇入了黄河。水流声势浩大，两岸高崖以及水中洲屿之间，隔水望去连牛马都无法分辨。于是河神大笑，他认为天下的美景完全聚集到自己的身上来了。

他顺着水流向东行走，来到北海边，向东望去，看不见水的尽头。于是河神改变先前的态度，对海神说：『俗话说：「听到了许多道理，就以为没有人能比得上自己一样了。」说的就是我这样的人哪！而且我曾经听说有人认为孔子的见闻少、伯夷的忠孝节义轻，起初我不相信，今天我亲眼看见了您的浩瀚。我要是不来到您这我就不知道，我将被获得大道的高人所耻笑。』

海神说：『住在井里的青蛙，不可以和它谈论大海，因为它受到居住地域的限制；夏天的虫子，不可以和它谈论冰冻，因为它受到环境的限制；学识浅陋的人，不可以和他谈论大道，因为他无法真正理解。如今你从河岸边来，看到了大海，相比之下你才知道自身的鄙陋，这样就可以和你探讨大道之理了。天下的水，没有比海宽广的了。所有的河流都汇聚于它，不知什么时候才能休止，但永远不会满溢；海底的尾闾吞噬海水，不知什么时候才会休止，但海水永远不会被排空；不论什么季节，大海都不会改变；无论汛涝还是干旱，海水都不会有所增减。大海多于江河的水流，无法用数字来衡量。然而我从未因此自满，我自认为是因为天地的恩赐而具备了形体，又从阴阳变化之中禀受了生机，我在天地之间，就如同小石子、小木屑存在于大山之中。我认为自身显得太渺小了，又怎么会自以为满足而自满呢！

『想一想，四海存在于天地之间，不正如蚁穴在大沼泽里一样吗？再想想，平原大地存在于四海之内，不就像小米粒儿在大粮仓里一样吗？人们往往用「万物」来形容一切事物，人渺小的只占其中之一；人们聚居于天下，凡是谷物粮食能够生长的地方，舟船车辆能够通行的地方，都有人类，而个人只是众多人群中的一员。人类与万物相比，不就像马体上的毫毛吗？五帝所继承的政权，三王所争夺的天下，仁人所忧虑的社会，以天下安宁为己任的贤士所操劳的事务，全都同马体上的毫毛一样微不足道！伯夷辞去王位以获取声望，孔丘谈论天下以显示渊博，这是他们的自我炫耀，不是跟你刚才对于河水的夸耀一样吗？』

河神说：『这样，那么我把天地看作是最大，把毫毛之末看作是最小，怎么样？』

海神回答道：『不能。万物的量是不可穷尽的，时间是无限的，得与失的禀分没有不变的常规，事物的终结和起始也没有定因。因此具有大智的人观察事物从不局限于一个方面，因而体积小却不看作少，体积大却不看作多，知道事物的量是不可穷尽的的缘故；证验并明察古往今来的各种事件，因而寿命久远却不感到厌倦，死亡只在近前却不会企求寿延，这是因为明白时间的推移是没有休止的；洞悉事物有盈有亏的规律，因而有所得却不兴奋喜悦，有所失也不悔恨失落，这是因为知道得与失的界限是没有定规的；明了生与死之间横亘着一条没有阻隔的平坦大道，因而生于人世不会倍加欢喜，死离人世不觉天降祸事，这是因为知道终点和起点是不会一成不变的。算算人所了解的知识，远远不如他所不了解的东西多，他生存的时间，也远远不如他逝去的时间长；用极为有限的智慧去探究没有穷尽的世界，所以内心迷乱而不能有所得！因此，又怎么判定毫毛的末端就是最为细小的度量呢？又怎么判定天与地就是最大的境域呢？』

河伯曰：『世之议者皆曰：「至精无形，至大不可围。」是信情①乎？』

北海若曰：『夫自细视大者不尽，自大视细者不明。故异便，此势之有也。夫精，小之微也；垺，大小殷也。夫精粗者，期于有形者也；无形者，数之所不能分也；不可围者，数之所不能穷也。可以言论者，物之粗也；可以意致者，物之精也；言之所不能论，意之所不能察致者，不期精粗焉。

『是故大人之行，不出乎害人，不多仁恩；动不为利，不贱门隶；货财弗争，不多辞让；事焉不借人，不多食乎力，不贱贪污；行殊乎俗，不多辟异；为在从众，不贱佞谄，世之爵禄不足以为劝，戮耻不足以为辱；知是非之不可为分，细大之不可为倪。闻曰：「道人不闻，至德不得，大人无己。」约分之至也。』

河伯曰：『若物之外，若物之内，恶至而倪贵贱？恶至而倪小大？』

北海若曰：『以道观之，物无贵贱；以物观之，自贵而相贱；以俗观之，贵贱不在己。以差观之，因其所大而大之，见万物莫不大；因其所小而小之，则万物莫不小；知天地之为稊米也，知毫末之为丘山也，则差数睹矣。以功观之，因其所有而有之，则万物莫不有；因其所无而无之，则万物莫不无；知东西之相反而不可以相无，则功分定矣。以趣观之，因其所然而然之，则万物莫不然；因其所非而非之，则万物莫不非；知尧、桀之自然而相非，则趣操睹矣。

昔者尧、舜让而帝，之、哙让而绝；汤、武争而王，白公争而灭。由此观之，争让之礼，尧、桀之行，贵贱有时[②]，未可以为常也。梁丽可以冲城，而不可以窒穴，言殊器也；骐骥骅骝，一日千里，捕鼠不如狸狌，言殊技也；鸱鸺夜撮蚤，察毫末，昼出瞋目[③]，而不见丘山，言殊性也。故曰，盖师是而无非，师治而无乱乎？是未明天地之理，万物之情者也。是犹师天而无地，师阴而无阳，其不可行明矣。然且语而不舍，非愚则诬也。帝王殊禅，三代殊继。差其时，逆其俗者，谓之篡夫；当其时，顺其俗者，谓之义之徒。默默乎河伯，女恶知贵贱之门，小大之家！』

【注释】

①信情：真实可信。

②有时：有一定的时宜。

③瞋：张大眼睛。

【译文】

河神说：『世上探讨学问的人都说，「最细微之物没有形体，最庞大之物没有什么能包容」，这话真实可信吗？』

海神回答说：『从细小处去观察庞大的事物是看不完全的，以宏观的眼光看细微的事物是看不清晰的。所以才会有大小同异的争论，因为这是这个世界的存在状态所决定的。人们所说的「精」，是细小之中最为微小的；人们所说的「垺」，是庞大之外更为庞大的。说到精和粗，那都是相对于有形之物而言的；至于精细到无形的事物，那是用数字所不能计量，用人力也无法解释的；最大的不可丈量的事物，那也是数字所不能穷尽的。可以言说议论的，都是有形的粗大的事物，可以在头脑中想象思考到的，是物的精微之处；语言所不能表达，头脑也不可思考想象的，就既不是精也不是粗，而是无所谓精和粗了。

『所以修养高尚者的行为，不会出于对人的伤害，也不会鼓励给人以仁慈和恩惠；无论干什么都不是为了私利，也不会轻视从事守门差役之类工作的人。无论什么财物都不去争夺，也不推崇谦和与辞让；凡事从不借助他人的帮助，但也不提倡自食其力，同时也不鄙夷贪婪与污秽；行动与世俗不同，但不主张邪僻乖异；行为追随平凡的人，也不以奉承和谄媚为卑贱；人世间的所谓高官厚禄不足以作为标榜，刑戮和侮辱也不足以看作是羞耻；知道是与非的界线不能清楚地划分，也懂得细小和巨大不可能界定清晰的界限。听人说：「能体察大道的人不求名望通达于世，修养高尚的人不会计较得失，淡泊沉静的人能够忘却自己」。这就是约束自己而达到适得其分的境界。』

河神说：『或是事物的表面现象，或是事物的内在本质，根据什么来认定它们的贵或贱呢？又根据什么来区分它们的小或大呢？』

海神回答说：『从自然之道的角度来看，事物本无贵贱；从事物自身的角度来看，总是自为贵而又以他物为贱；从世俗的角度来看，贵贱的判定并非自己所能决定。从物与物之间的差别来看，如果顺着物体大的方面去观察，便会认为它是大的，那么万物就没有不是大的；如果顺着物体小的方面去观察，便会认为它是小的，那么万物就全都是小的。要知道天地虽大比起更大的东西来也如小小的米粒，要知道毫毛之末虽小比起更小的东西来也如高大的山丘，那么万物的差别也就清晰可见了。从功效的角度来看，如果顺着物体有效的一面去思考，便会认为它是有用的，那么万物就没有什么不是有用的；如果顺着物体无效的一面去思考，便会认为它是无用的，那么万物就没有什么不是无用的。懂得东与西只是方向的不同而能相互间存在，那么万物的功效就能够确定了。从人们对事物的偏好来看，如果顺着他所认为是正确的一面去理解，便会认为它是正确的，那么万物就没有什么不是正确的；如果顺着他所认为是错误的一面去理解，便会认为它是错误的，那么万物就没有什么不是错误的。懂得唐尧、夏桀都是自以为正确而相互指责对方，那么人们的倾向和立场就清晰可见了。

『古时候唐尧让位于虞舜而成就功名，宰相子之让位于燕王哙而燕国几乎灭亡；商汤王、周武王争夺天下而成帝王，白公胜争夺王位却遭致灭亡。由此看来，争夺或者禅让的方式，唐尧或者夏桀的行为，赞同还是鄙夷都是因时而异的，不可以把它们看成是永恒不变的。梁木可以撞破城墙却不可以堵塞小洞，这是说器物的用处有所不同；出名的骏马一天可以奔驰千里，捉老鼠却远不如野猫和黄鼠狼，这是说技能有所不同；猫头鹰在黑夜能抓跳蚤，能看清毫毛的末梢，白天出来睁大眼睛却看不见山丘，这是说天性有所不同。所以说：为什么要只看重正确的一面而忽略错误的一面，肯定太平的说法就看不到祸患的情况呢？这样做是不明天地之理、万物之情啊。这就好比信奉天而否定地，信奉阴而否定阳一样，明显是行不通的！然而却将这样的话说来说去，不肯抛弃，那么不是愚蠢就是在骗人！五帝三王让位的方式不同，夏、商、周三代继承的方法也不一样。不符合时机，违背世俗民情的，就叫作篡权之徒；合于时机，顺乎世俗民情的，就被称为高义之士。别再说了，河神！你哪里知道贵与贱的分别、大与小的界限啊！』

河伯曰：『然则我何为乎？何不为乎？吾辞受趣舍，吾终奈何？』

北海若曰：『以道观之，何贵何贱，是谓反衍；无拘而志，与道大蹇[①]。何少何多，是谓谢施；无一而行，与道参差。严乎若国之有君，其无私德，繇繇乎若祭之有社，其无私福；泛泛乎其若四方之无穷，其无所畛域。兼怀万物，其孰承翼？是谓无方。万物一齐，孰短孰长？道无终始，物有死生，不恃其成；一虚一满，不位乎其形。年不可举，时不可止；消息盈虚，终则有始。是所以语大义之方，论万物之理也。物之生也，若骤若驰，无动而不变，无时而不移。何为乎？何不为乎？夫固将自化。』

河伯曰：『然则何贵于道邪？』

北海若曰：『知道者必达于理，达于理者必明于权，明于权者不以物害己。至德者，火弗能热，水弗能溺，寒暑弗能害，禽兽弗能贼。非谓其薄之也，言察乎安危，宁于祸福，谨于去就，莫之能害也。故曰：天在内，人在外，德在乎天。」知天人之行，本乎天，位乎德，蹢躅[②]而屈伸，反要而语极。』

曰：『何谓天？何谓人？』

北海若曰：『牛马四足，是谓天；落马首，穿牛鼻，是谓人。故曰：「无以人灭天，无以故灭命，无以得殉名。谨守而勿失，是谓反其真。」』

夔怜蚿，蚿怜蛇，蛇怜风，风怜目，目怜心。夔谓蚿曰：『吾以一足趻踔而行，予无如矣！今子之使万足，独奈何？』蚿曰：『不然。子不见夫唾者乎？喷则大者如珠，小者如雾，杂而下者不可胜数也。今予动吾天机，而不知其所以然。』

蚿谓蛇曰：『吾以众足行而不及子之无足，何也？』蛇曰：『夫天机之所动，何可易邪？吾安用足哉？』

蛇谓风曰：『予动吾脊胁而行，则有似也。今子蓬蓬然③起于北海，蓬蓬然入于南海，而似无有，何也？』

风曰：『然。予蓬蓬然起于北海而入于南海也。然而指我则胜我，鰌我亦胜我。虽然，夫折大木，蜚大屋者，唯我能也。故以众小不胜为大胜也。为大胜者，唯圣人能之。』

【注释】

①蹇：阻滞，这里用作违背之意。

②蹢躅，进退不定的样子。

③蓬蓬然：形容风的呼呼声。

【译文】

河伯说：『那么我应该做什么，不应该做什么呢？对于事物的退让、接受、进取、舍弃，我究竟该怎么办呢？』

北海神回答说：『从道的角度看，什么是贵什么是贱呢？可以说贵与贱是向各自的相反方向转化的：不要限制你的心志，而与大道相背离。什么是少什么是多呢？可以说多少是相互转化的：行事不要偏执一己之见，以免与大道参差不合。要像天子那样庄严正直，对待人民没有什么偏私；要像受祭的社神那样安详自得，对祭祀他的人没有什么偏袒；要像四面延伸的平地那样宽广无边，没有彼此的界限。包容万物而无偏私，谁也不会单独受到庇护，这可称为无所偏颇。万物都是一样的，哪还有谁短谁长呢？大道没有终结和起始，万物有死生的变化，即使有一时的功成名就也不足为依靠。大道在一虚一盈地变化，并没有固定不变的形态。过去的年月不可追攀，流逝的时光不可止留。天地万物的消亡、生长、充盈、亏虚，都在周而复始地变化着。明白了上述道理，才能谈论大道的精髓，研讨万物的情理。万物的生长，就像马儿急驰、车马疾行一样，随时随地都要发生变化，无时无刻都在发生着变化。应该做什么，不该做什么呢？万物本来就在不断地自行变化着。』

河神说：『既然如此，那么道又有什么值得尊崇的呢？』

海神回答说：『领悟大道的人必然通达事理，通达事理的人必然懂得机变，懂得机变的人不会让外物伤害自己。德性高的人，烈火不能灼烧他，洪水不能侵蚀他，寒冬酷暑不能伤害他，禽兽也不能袭击他。并不是说他有意去触犯外物而不受伤害，而是说他能明察安危，安于祸福，谨慎决定进退，因此就没有什么能威胁他了。所以说：「天性隐藏于内心，人事显露于身外，德性存在于自然。」知道了天性与人事的存在规律，以自然为根本，安守天德，或进或退或屈或伸，也就返归大道的精髓而可谈论万物的至理了。』

河神说：『什么是天然？什么又是人为？』

海神回答说：『牛马生来就有四条腿，这就叫作天然；用辔笼住马头，用绳穿过牛鼻，这就叫作人为。所以说：「不要用人为去泯灭天性，不要用人事去毁灭天命，不要为追求名利而丧生。谨慎小心地守护自然的天性，生而不丧失，这就叫作返璞归真。」』

一只脚的夔羡慕百足的蚿，蚿羡慕无足而行的蛇，蛇又羡慕来无影去无踪的风，风又羡慕能观察万物的眼睛，眼睛又羡慕隐藏在内的心灵。夔对蚿说：『我用一只脚跳着行走，我赶不上你。现在你使用万只脚行走，到底是如何使用这些脚的呢？』蚿说：『不对吧。你没有见过吐唾沫的情景吗？唾沫喷出时大的如珠玉，小的如雾滴，散杂着落下，很多。现在我依靠天然的本能而行，但并不懂得它们为什么要这样。』

蚿对蛇说：『我用多只脚行走，却赶不上你没有脚走得快，为什么呢？』蛇说：『我依靠天然的本能，怎么能改变呢？我哪里是用脚呢！』

蛇对风说：『我扭动我的脊柱和胁骨而行走，如同有脚的样子。现在你从北海呼呼地刮起来，又吹入南海，就是没有一点形迹，为什么呢？』风说：『是这样的。我呼呼地刮起从北海而吹入南海，然而人用手指来阻挡而我却不能吹断它，那么人胜过了我；用脚来踢我，那也胜过了我。虽然如此，也只有我才能折断大木，吹卷屋梁，所以虽在小的方面不能取得胜利，但却能在大的方面取胜。能在大的方面取胜，只有圣人能做到。』

孔子游于匡，卫人围之数匝①，而弦歌不辍。子路入见，曰：『何夫子之娱也？』孔子曰：『来！吾语汝。我讳穷久矣，而不免，命也；求通久矣，而不得，时也。当尧、舜而天下无穷人，非知得也；当桀纣而天下无通人，非知失也：时势适然。夫水行不避蛟龙者，渔父之勇也；陆行不避兕虎者，猎夫之勇也；白刃交于前，视死若生者，烈士之勇也；知穷之有命，知通之有时，临大难而不惧者，圣人之勇也。由处矣，吾命有所制矣。』

无几何，将甲者进，辞曰：『以为阳虎也，故围之。今非也，请辞而退。』

公孙龙问于魏牟曰：『龙少学先王之道，长而明仁义之行；合同异，离坚白；然不然，可不可；困百家之知，穷众人之辩：吾自以为至达已。今吾闻庄子之言，茫然异之。不知论之不及与？知之弗若与？今吾无所开吾喙，敢问其方。』公子牟隐机大息，仰天而笑曰：『子独不闻夫埳井之蛙乎？谓东海之鳖曰：「吾乐与！出跳梁乎井干之上，入休乎缺甃之崖。赴水则接腋持颐，蹶泥则没足灭跗。还虷蟹与科斗，莫吾能若也。且夫擅一壑之水，而跨跱②埳井之乐，此亦至矣。夫子奚不时来入观乎？』东海之鳖左足未入，而右膝已絷矣。于是逡巡而却，告之海曰：『夫千里之远，不足以举其大；千仞之高，不足以极其深。禹之时，十年九潦，而水弗为加益；汤之时，八年七旱，而崖不为加损。夫不为顷久推移，不以多少进退者，此亦东海之大乐也。』于是埳井之蛙闻之，适适然③惊，规规然自失也。且夫知不知是非之竟，而犹欲观于庄子之言，是犹使蚊负山，商蚷驰河也，必不胜任矣。且夫知不知论极妙之言，而自适一时之利者，是非坎井之蛙与？且彼方跐黄泉而登大皇，无南无北，奭然四解，沦于不测；无东无西，始于玄冥，反于大通。子乃规规然而求之以察，索之以辩，是真用管窥天，用锥指地也，不亦小乎？子往矣！且子独不闻夫寿陵余子之学行于邯郸与？未得国能，又失其故行矣，直匍匐而归耳。今子不去，将忘子之故，失子之业。』公孙龙口呿而不合，舌举而不下，乃逸而走。

【注释】

①帀：周。

②跨：形容蛙在井中跳跃、蹲踞的神态。

③适适然：惊骇恐惧的样子。

【译文】

孔子巡游到匡地，卫国人一层又一层地包围了他，可是孔子仍在不停地弹琴诵读。子路入内见孔子说：『先生如此专心是为什么呢？』孔子说：『来，我告诉你！我违忌困窘蔽塞已经很久很久了，可是始终不能避免，这是命运啊。我渴望通达也已经很久很久了，可是始终未能达到，这是时运啊。在尧、舜的时代，天下没有一个困顿潦倒的人，并不因为他们都才智超人；在桀、纣的时代，天下没有一个通达的人，并不因为他们都才智低下。这都是时运所造就的。在水里活动而不躲避蛟龙，靠的是渔夫的勇敢；在陆上活动而不躲避犀牛老虎，靠的是猎人的勇敢；刀剑交错地横于眼前，看待死亡犹如重生的，乃是壮烈之士的勇敢。懂得困厄潦倒乃是命中注定，明白顺利通达乃是时运造成，面临大难而不畏惧的，这就是圣人的勇敢。仲由啊，你还是顺其自然吧！我命中注定要受制啊！』

没有过多久，统带士卒的将官走了进来，深表歉意地说：『人们把你看作是阳虎，所以包围了你；现在知道了你不是阳虎，请让我向你表达歉意并且撤离部队。』

公孙龙问魏牟说：『我小的时候就开始学习古代圣人之道，长大后明白了仁义的行为，能够把事物的不同与相同合二为一，能够把一个质地坚硬、颜色洁白的事物的属性论证分辨开来。在辩论中，我能够把别人认为错的说成是对的，把别人认为不可以的说成是可以的；能够使百家智士迷惑不解，能够使众多善辩的人理屈词穷。我自认为已经达到了最为智慧的境界了。现在我听了庄子的话，感到十分茫然。不知是我的论辩比不上他呢，还是我的知识不如他广博呢？现在我已经不知道应该从哪里开口了，冒昧地向你请教这是为什么。』魏牟靠着几案深深地出了口气，然后又仰面朝天笑着说：『恐怕你没有听说过浅井里青蛙的故事吧。井蛙对东海里的大鳖说：「我多快乐啊！我在井口栏杆之上跳跃玩耍，进到井里，便在井壁砖块破损之处休息。跳入水中，井水漫过腋下而且托起我的下巴，踏入泥里，泥水就覆盖住了我的脚背，回过头来看看水中的那些赤虫、小蟹和蝌蚪，没有谁能像我这样的自在欢快！况且我独占一井之水，在其中跳跃蹲踞的快乐，可以说是无与伦比的。你为什么不时常来井里看看呢？『大鳖的左脚还没能迈进浅井，右膝就已经被绊住了。于是迟疑了一会儿又把左脚退了出来，并把大海的情况告诉给井蛙，说：「千里的距离，不足以描述海的广阔；千仞的高旷，不能够穷尽海的深奥。大禹的时代，十年里有九年发生水灾，而海水不会因此增多；商汤的时代八年里有七年发生旱灾，而岸边的水位不会因此下降。大海不因为时间的短暂与长久有所改变，不因为雨量的多少有所增减，这就是东海最大的快乐。」井蛙听了大鳖这一席话，惊惶不安，一副茫然不知所措的样子。再说你公孙龙的才智还没有到能辨明是与非的境界，就想去领会庄子的言论，这就像让蚊虫去背负大山，让马蚿虫到河里去游泳一样，是一定不能实现的。况且，你的智力还理解不了最为玄妙的理论，而自满于一时的口舌胜利，这不就像是浅井里的青蛙吗？庄子主张正俯极黄泉登临苍天，不论南北，释然四散通达无阻，深幽沉寂不可臆测；不论东西，起于幽深玄妙之处，返归广阔通达之地。你就只知道在那里琐细的分辨，想用明察和辩论的方法获得真理，这简直是以管窥天、以锥戳地，不是太渺小了吗？你还是走吧！难道你没听说过燕国寿陵的少年到赵国的邯郸去学习走路的事情吗？没有学会赵国走路的技巧，又忘掉了自己原来走路的姿势，最后只得爬着回去了。现在你要再不尽快离开我这里，势必会忘掉你原有的本领，而且也必将失去你原有的学业。』公孙龙听了这一番话，惊讶地合不拢嘴，舌头长长地伸出来缩不回去了，匆匆忙忙地逃走了。

庄子钓于濮水，楚王使大夫二人往先焉，曰：『愿以境内累①矣！』

庄子持竿不顾，曰：『吾闻楚有神龟，死已三千岁矣，王以巾笥而藏之庙堂之上。此龟者，宁其死为留骨而贵乎？宁其生而曳尾于涂中乎？』

二大夫曰：『宁生而曳尾涂中。』

庄子曰：『往矣！吾将曳尾于涂中。』

惠子相梁，庄子往见之。或谓惠子曰：『庄子来，欲代之相。』于是惠子恐。搜于国中三日三夜。

庄子往见之，曰：『南方有鸟，其名为鹓雏[2]，子知之乎？夫鹓雏，发于南海而飞于北海；非梧桐不止，非练实不食，非醴泉不饮。于是鸱得腐鼠。鹓雏过之，仰而视之曰：「吓！」今子欲以子之梁国而吓我邪？』

庄子与惠子游于濠梁之上。庄子曰：『鲦鱼[3]出游从容，是鱼之乐也？』

惠子曰：『子非鱼，安知鱼之乐？』

庄子曰：『子非我，安知我不知鱼之乐？』

惠子曰：『我非子，固不知子矣；子固非鱼也，子之不知鱼之乐，全矣。』

庄子曰：『请循其本。子曰「汝安知鱼乐」云者，既已知吾知之而问我。我知之濠上也。』

【注释】

①累：拖累，麻烦。

②鹓雏（yuān chú）：传说中鸾凤一类的鸟。

③鲦鱼：亦称白鲦，银白色。

【译文】

庄子在濮水边垂钓，楚王派两位大臣提前过来致意，大臣对庄子说：『楚王愿将国内政事委托给你而使你劳累了。』

庄子手握钓竿头也不回地说：『我听说楚国有一种神龟，已经死了三千年了。楚王用竹箱装着它，用布饰覆盖着它，珍藏在宗庙里。这只神龟，是宁愿为了留下骨骸面显示尊贵而死去呢？还是宁愿拖着尾巴活在泥水里呢？』

两位大臣回答说：『宁愿拖着尾巴活在泥水里。』

庄子说：『你们走吧！我仍将拖着尾巴生活在泥水里。』

惠施在梁国做相国，庄子前去拜见他。有人对惠施说：『庄子来了，他是打算取代你的相位的。』于是惠施十分惊恐，派人在都城内搜索庄子，搜了三天三夜。

庄子前去见惠施并对他说：『南方有一种鸟，名叫鹓鸰，你知道吗？这种鸟从南海出发，飞往北海，除了梧桐，别的树它是不肯在上面栖息的；除了竹实，别的它是不肯吃的；除了甜美的泉水，别的水它也是不肯饮用的。它正飞的时候，猫头鹰得到一只腐烂的老鼠，见鹓鸰从头上飞过，抬头看着鹓鸰，愤怒地吼叫了一声：「嘿！」今天你是否也想用你得到的相位来吓我呢？』

庄子和惠子在濠水边的桥上游玩。庄子说：『白鲦鱼悠闲自在地游来游去，它是多么的快乐啊！』

惠子说：『你又不是鱼，怎么知道鱼很快乐呢？』

庄子说：『你又不是我，怎么知道我不知道鱼儿的快乐？』

惠子说：『我不是你，固然不知道你；但你也不是鱼，你也不知道鱼的快乐，这也是完全可以肯定的。』

庄子说：『还是让我们接着开始的话来说。你刚才说「你怎么知道鱼的快乐」，就说明你已经知道了我知道鱼儿的快乐所以才问我，而我则是在濠水的桥上知道鱼儿快乐的。』

【品读】

《秋水》是《庄子》中的又一长篇，用篇首的两个字作为篇名，中心是讨论人应怎样去认识外物。

全篇由两大部分组成。

前一部分写北海海神跟河神的谈话，一问一答一气呵成，构成本篇的主体。这个长长的对话根据所问所答的内容，又可分成七个片断，至『不似尔向之自多于水乎』是第一个片断，写河神的小却自以为大，对比海神的大却自以为小，说明了认识事物的相对性观点。至『又何以知天地之足以穷至大之域』是第二个片断，以确知事物和判定其大小极其不易，说明认知常受事物自身的不定性和事物总体的无穷性所影响。至『约分之至也』是第三个片断，紧承前一对话，进一步说明认知事物之不易，常常是『言』不能『论』，『意』不能『察』。至『小大之家』是第四个片断，从事物的相对性出发，更深一步地指出大小贵贱都不是绝对的，因而最终是不应加以辨知的。至『夫固将自化』是第五个片断，从『万物一齐』『道无终始』的观点出发，指出人们认知外物必将无所作为，只能等待它们的『自化』。至『反要而语极』是第六个片断，透过为什么要看重『道』的谈话，指出懂得了『道』就能通晓事理，就能认识事物的变化规律。至『是谓反其真』是第七个片断，即河神与海神谈话的最后一部分，提出了返归本真的主张，即不以人为毁灭天然，把『自化』的观点又推进了一步。

后一部分分别写了六个寓言故事，每个寓言故事自成一体，各不关联，跟前一部分海神与河神的对话也没有任何结构上的联系，对全篇主题的表达帮助也不甚大，似有游离之嫌。

至乐

天下有至乐无有哉？有可以活身者无有哉？今奚为奚据？奚避奚处？奚就奚去？奚乐奚恶？

夫天下之所尊者，富贵寿善也；所乐者，身安厚味美服好色音声也；所下者，贫贱夭恶也；所苦者，身不得安逸，口不得厚味，形不得美服，目不得好色，耳不得音声。若不得者，则大忧以惧，其为形也亦愚哉。

夫富者，苦身疾作，多积财而不得尽用，其为形也亦外矣。夫贵者，夜以继日，思虑善否，其为形也亦疏矣。人之生也，与忧俱生，寿者惛惛，久忧不死，何苦也！其为形也亦远矣。烈士为天下见善矣，未足以活身。吾未知善之诚善邪，诚不善邪？若以为善矣，不足活身；以为不善矣，足以活人。故曰：『忠谏不听，蹲循勿争。』故夫子胥争之以残其形，不争，名亦不成。诚有善无有哉？

今俗之所为与其所乐，吾又未知乐之果乐邪，果不乐邪？吾观夫俗之所乐，举群趣者，誙誙然①如将不得已，而皆曰乐者，吾未之乐也，亦未之不乐也。果有乐无有哉？吾以无为诚乐矣，又俗之所大苦也。故曰：『至乐无乐，至誉无誉。』

天下是非果未可定也。虽然，无为可以定是非。至乐活身，唯无为几存。请尝试言之。天无为以之清，地无为以之宁，故两无为相和，万物皆化生。芒乎芴乎，而无从出乎！芴乎芒乎，而无有象乎！万物职职②，皆从无为殖。故曰：天地无为也而无不为也，人也孰能得无为哉！

【注释】

①誙誙然：坚定果敢的样子。

②职职：繁多。

【译文】

天下有没有最大的快乐呢？有没有可以存活身形的东西呢？现在，应该做些什么又依据什么？回避什么又接受什么？靠近什么又离弃什么？喜欢什么又讨厌什么？

世上的人们所尊崇重视的，是富有、高贵、长寿和美名；所爱好喜欢的，是身体的安适、丰盛的食品、漂亮的服饰、绚丽的色彩和好听的乐声；所认为低下的，是贫穷、卑微、短命和恶名；所痛苦烦恼的，是身体不能获得舒适安逸、嘴里不能获得美味佳肴、身上不能穿着漂亮的服饰、眼睛不能看到绚丽的色彩、耳朵不能听到悦耳的乐声；假如得不到这些东西，就大为忧愁和担心，以上种种对待身形的看法实在是愚蠢啊！

富有的人，劳累身形勤勉做事，积攒了许许多多财富却不能全部享用，那样对待身体也就太不看重了。高贵的人，夜以继日地苦苦思索如何才能保全权位和厚禄，那样对待身体也就太不重视了。人们生活于世间，忧愁也就跟着一同产生，长寿的人整日里糊里糊涂，长久地处于忧患之中而不死去，多么痛苦啊！那样对待身体也就太刻薄了。刚烈之士为了天下而表现出舍身殉国的行为，可是却不足以保全性命。我不知道这样的行为是真的正确呢，还是不能算是正确呢？如果认为是正确行为，却不足以保全性命；如果认为不是正确行为，却又足以使别人存活下来。所以说：『忠诚的劝谏不被接纳，不如退让一旁不再去争谏。』伍子胥忠心劝谏以致身受残戮，如果他不舍身去争谏，忠臣的美名也就不会成就。那么果真又有所谓好还是没有呢？

如今世俗所从事与所喜欢的，我又不知道那快乐果真是快乐呢，还是不快乐呢？我观察那世俗所喜欢的东西，大家都全力去追逐，拼死竞逐的样子简直是不达目的决不罢休。人人都说这就是最为快乐的事，而我并不认为这就是快乐，当然也不认为不是快乐。那么，世上果真有没有快乐呢？我认为无为就是真正的快乐，但这又是世俗的人所感到最痛苦和烦恼的。所以说：『最大的快乐就是没有快乐，最大的荣誉就是没有荣誉。』

天下的是非的确是不可确定的。虽然如此，无为的观点和态度却可以判断是非。最大的快乐是使性命存活，而唯有无为算是最接近于此的了。请让我说说这一点。苍天无为因而清虚明澈，大地无为因而浊重沉静，天与地两个无为相互结合，万物就全都能变化生长。迷迷糊糊，不知道从什么地方产生出来！惚惚恍恍，没有一点儿痕迹！万物繁多，全从无为中繁衍生息。所以说，天和地无心去做什么却又无所不生无所不做，而人们谁又能够做到无为呢？

庄子妻死，惠子吊之，庄子方箕踞①鼓盆而歌。惠子曰：『与人居，长子老身，死，不哭亦足矣，子鼓盆而歌，不亦甚乎！』

庄子曰：『不然。是其始死也，我独何能无概然！然察其始而本无生；非徒无生也，而本无形；非徒无形也，而本无气。杂乎芒芴②之间，变而有气，气变而有形，形变而有生。今又变而之死，是相与为春秋冬夏四时行也。人且偃然寝于巨室，而我嗷嗷然随而哭之，自以为不通乎命，故止也。』

支离叔与滑介叔观于冥伯之丘，昆仑之虚③，黄帝之所休。俄而柳生其左肘，其意蹶蹶然恶之。支离叔曰：

『子恶之乎？』滑介叔曰：『亡，予何恶！生者，假借也。假之而生生者，尘垢也。死生为昼夜。且吾与子观化[4]而化及我，我又何恶焉！』

庄子之楚，见空髑髅，髐然有形，撽以马捶，因而问之，曰：『夫子贪生失理而为此乎？将子有亡国之事，斧钺之诛而为此乎？将子有不善之行，愧遗父母妻子之丑而为此乎？将子有冻馁之患而为此乎？将子之春秋故及此乎？』于是语卒，援髑髅，枕而卧。

夜半，髑髅见梦曰：『子之谈者似辩士。视子所言，皆生人之累也，死则无此矣。子欲闻死之说乎？』庄子曰：『然。』髑髅曰：『死，无君于上，无臣于下，亦无四时之事，从然以天地为春秋，虽南面王乐，不能过也。』庄子不信，曰：『吾使司命复生子之形，为子骨肉肌肤，反子父母、妻子、闾里、知识[5]，子欲之乎？』髑髅深矉蹙额曰：『吾安能弃南面王乐而复为人间之劳乎！』

【注释】

①方箕踞：叉开双腿坐着，其形如簸箕。

②芒芴：恍惚迷离，亦真亦幻的神秘状态。

③昆仑之虚：遥远渺茫神秘的所在，凡人难以到达。

④观化：体察造化的运行。

⑤知识：指曾交游相识的朋友。

【译文】

庄子的妻子去世，惠子前往表示吊唁，见庄子正分开双腿像簸箕一样坐着，一边敲打着瓦盆一边唱歌。

惠子说：『你跟妻子生活了一辈子，她为你生儿育女直至衰老而死，人死了不伤心哭泣也就算了，还敲着瓦缶唱起歌来，未免太过分了吧！』

庄子说：『不对。她刚死的时候，我怎么能不感慨伤心呢！然而仔细一想她原本就不曾出生，不只是不曾出生而且本来就不曾具有形体，不只是不曾具有形体而且原本就不曾形成元气。夹杂在虚虚实实的境域之中，变化而有了元气，元气变化而有了形体，形体变化而有了生命，如今变化又回到死亡，这就跟春夏秋冬四季交替一样。死去的那个人将安安稳稳地沉睡在天地之间，而我却呜呜地围着她啼哭，我认为这是不能通晓于天命，所以也就停止了哭泣。』

支离叔和滑介叔在冥伯的山丘上和昆仑的旷野里游玩观赏，这都是黄帝曾经休息过的地方。不一会儿，滑介叔的左肘上长出了一个瘤子，他感到十分惊讶。支离叔说：『你讨厌这东西吗？』滑介叔说：『不，我怎么会讨厌它？具有生命的形体，不过是借助外物生成而已；一切借助他物而生成的东西，就像是尘垢一时的聚合和积累。人的死与生也就犹如白天与黑夜的交替一样。况且我和你一起来这里就是为了观察事物的变化，如今变化来到了我身上，我又怎么会讨厌它呢！』

庄子到楚国去，途中发现一个骷髅，枯骨突露呈现出原形。庄子用马鞭从侧旁敲了敲。问道：『先生是贪求生命、失去真理，才成了这样呢？抑或你遇上了亡国的大事，遭受到刀斧的砍杀，才成了这样呢？抑或有了不良的行为，担心给父母、妻儿子女留下耻辱，羞愧而死才成了这样呢？抑或你遭受寒冷与饥饿的灾祸而成了这样呢？抑或你享尽天年而死去成了这样呢？』庄子说罢，拿过骷髅，当作枕头枕在上面睡去。

睡到半夜，骷髅给庄子显梦说：『你先前谈话的样子真像一个善于辩论的人。看你所说的那些话，全属于活人的负担，人死了就没有上述的忧患了。你愿意听听人死后的情况和道理吗？』庄子说：『好。』骷髅说：『人一旦死了，上面没有国君的统治，下面没有官吏的管辖；也没有四季的操劳，从容安逸地把天地的长久看作是时间的流逝，即使为王的快乐，也不可能超过。』庄子不相信，对他说：『我让主管生命的神来恢复你的形体，为你重新长出骨肉肌肤，让你重返父母、妻子儿女、左右邻里和朋友中去，你希望这样吗？』骷髅眉头紧皱，深感忧虑地说：『我怎么能抛弃称王的快乐而再次经历人世的劳苦呢？』

颜渊东之齐，孔子有忧色。子贡下席而问曰：『小子敢问，回东之齐，夫子有忧色，何邪？』

孔子曰：『善哉汝问！昔者管子有言，丘甚善之，曰：「褚[1]小者不可以怀大，绠短者不可以汲深」。夫若是者，以为命有所成而形有所适也，夫不可损益。吾恐回与齐侯言尧、舜、黄帝之道，而重以燧人、神农之言。彼将内求于己而不得，不得则惑，人惑则死。

『且汝独不闻邪？昔者海鸟止于鲁郊，鲁侯御而觞之于庙，奏《九韶》以为乐，具太牢以为膳。鸟乃眩视忧悲，不敢食一脔，不敢饮一杯，三日而死。此以己养养鸟也，非以鸟养养鸟也。夫以鸟养养鸟者，宜栖之深林，游之坛陆，浮之江湖，食之鳅鲦，随行列而止，逶迤而处。彼唯人言之恶闻，奚以夫譊譊为乎！《咸池》、《九韶》之乐，张之洞庭之野，鸟闻之而飞，兽闻之而走，鱼闻之而下入，人卒闻之，相与还而观之。鱼处水而生，人处水而死，彼必相与异，其好恶故异也。故先圣不一其能，不同其事。名止于实，义设于适，是之谓条达而福持。』

列子行食[2]于道从，见百岁髑髅，攓蓬而指之曰：『唯予与汝知而未尝死、未尝生也。若果养乎？予果欢乎？』

种有几，得水则为继，得水土之际则为蛙蠙之衣，生于陵屯则为陵舄，陵舄得郁栖则为乌足，乌足之根为蛴螬，其叶为胡蝶。胡蝶胥也化而为虫，生于灶下，其状若脱，其名为鸲掇。鸲掇千日为鸟，其名为干余骨。干余骨之沫为斯弥。斯弥为食醯③。颐辂生乎食醯，黄軦生乎九猷，瞀芮生乎腐蠸，羊奚比乎不箰。久竹生青宁，青宁生程，程生马，马生人，人又反人于机。万物皆出于机，皆入于机。

【注释】

①褚：口袋。

②行食：出行途中造饭而食。

③食醯：即醯鸡，生于酒醋中。

【译文】

颜渊要向东去往齐国，孔子一脸的忧愁表情。子贡离开席位问道：『请问老师，颜回东去齐国，先生为什么一脸的不高兴啊？』

孔子回答说：『你提的这个问题很好啊。从前管子有句话，我非常地欣赏，他说：「小口袋不能容纳大物件，短井绳无法汲出深井水。」之所以这样说，因为命运各有不同，形物也各有它的特定用处，是不能增加和减少的，我恐怕颜回和齐侯讲尧、舜、黄帝之道，还有燧人、神农的主张，齐侯听了将会按那些道理要求自己，可心里又不能理解，不能理解就会产生惶惑，人心一惶惑就会更加忧思不已，结果就会抑郁而死。』

『况且，你难道没听说过吗？从前有一只海鸟落在鲁国都城的郊外，鲁侯用车把海鸟迎进太庙，设酒宴招待，宴会上演奏《九韶》音乐想让它高兴，设盛宴作为它的膳食。可是那海鸟却头晕目眩忧愁痛苦，一块肉也不敢吃，一杯酒也不敢饮，三天就死了。这是用善待人类的方式去善待鸟，不是用适合于鸟的方式去养鸟。用适合于鸟的方式养鸟，应该让它栖息在深林之中，翱翔于沙洲荒岛，浮沉于江湖水面，让它自己捕食泥鳅白鲦鱼来吃，随着鸟群的行列而栖息，从容自如地享受它的生活。鸟最厌恶听到人的声音，为什么还要给它弄出这么多喧闹嘈杂的名堂呀！《咸池》《九韶》这样的乐曲，如果要在广漠的旷野演奏，鸟听了会飞走，野兽听了要逃跑，鱼听了会潜入水底，可我们这些人一听到它，就会呼朋引伴地来围着观看。鱼在水里可得生，人在水里就要死。人和鱼类，那肯定是相互之间有巨大差别的，所以它们的好恶也会各不相同。所以，上古的圣人不强求人们的能力一样，且会根据人的能力不同让他们负责不同的事。名称理应和实际相符，义理的讲究也要适合于不同情况，这就叫条理通达而持守人们的福德。』

列子外出游玩，在路边进餐，见到一具百年骷髅，他拔去周围的蒿草指着骷髅说：『只有我和你知道你是未曾死，也未曾生。你真的烦恼吗？我真的快乐吗？』

物种千变万化，原本细小的『几』有了水的滋养便会相继而生，长在陆地和水面的交接处就变成青苔，生长在山陵高地就成了车前草，车前草获得粪土的滋养便长成乌足，乌足的根变化成土蚕，叶子变化成蝴蝶。蝴蝶很快又变化成为虫，生活在灶下，变化过程就像是蜕皮，它的名字叫作灶马。灶马一千天以后变化成为鸟，它的名字叫作干余骨。干余骨的唾沫长出虫子斯弥，斯弥又生出蠛蠓。颐辂从蠛蠓中形成，黄軦从九猷中长出，蠓子则产生于萤火虫，羊奚草跟不长笋的老竹相伴生，老竹又生出青宁虫，青宁虫生出豹子，豹子生出马，马生出人，而人又返归造化之初的混沌中。万物都产生于自然的进化，又全都回返自然。

【品读】

本篇详细论述了人间是否存在最大的快乐，记载了庄子的几个故事，其中以『庄子鼓盆而歌』最为有名。

作者认为『至乐无乐』。生老病死都是人们不可躲避的苦恼，作者以几个寓言说明死亡、疾病都是自然的变化，只要认识到这一点，就不值得为之忧伤了。在生活中排除了这些引人忧伤的事，顺其自然，也就可以得到最大的快乐了。

全文自然分成七个部分。第一部分至『人也孰能得无为哉』，连续五句提问后，列举并逐一批评了世人对苦和乐的看法，指出从来就没有什么真正的快乐，所谓『至乐』也就是『无乐』。第二部分至『故止也』，写庄子妻子死时鼓盆而歌的故事，借庄子的口指出人的死生乃是气的聚合与流散，犹如四季的更替。第三部分至『我又何恶焉』，指出『死生如昼夜』，人只能顺应这一自然变化。第四部分至『复为人间之劳乎』，借髑髅之口写出人生在世的拘累和劳苦。第五

部分至『是之谓条达而福持』，借孔子之口讲述一个寓言故事，指出人为的强求只能造下灾祸，一切都得任其自然。第六部分至『予果欢乎』，指出人的死生都不足以忧愁与欢乐。余下为第七部分，写物种的演变，这一演变虽然不符合现代科学研究的物种演进序列，但其目的在于说明万物从『机』产生，又回到『机』的循环往复过程，人也不例外；从而照应了首段，人生在世无所谓『至乐』，人的死与生也只是一种自然的变化。

本篇与《庄子·内篇》中庄子思想的核心内容多有照应，与庄子的哲学体系相符，是外篇中与内篇关系较为切近的一篇，在一定程度上反应了一些庄子哲学中『道』的普遍性、无差别性等一以贯之的概念和认识。

达生

达生之情者，不务[1]生之所无以为；达命之情者，不务命之所无奈何。养形必先之以物，物有余而形不养者有之矣。有生必先无离形，形不离而生亡者有之矣。生之来不能却，其去不能止。悲夫！世之人以为养形足以存生，而养形果不足以存生，则世奚足为哉！虽不足为而不可不为者，其为不免矣！

夫欲免为形[2]者，莫如弃世。弃世则无累，无累则正平，正平则与彼更生，更生则几矣！事奚足弃而生奚足遗？弃事则形不劳，遗生则精不亏。夫形全精复，与天为一。天地者，万物之父母也，合则成体，散则成始。形精不亏，是谓能移。精而又精，反以相天。

【注释】

①务：努力去干，勉力从事。

②免为形：免去为保养形体所付出的操劳。

【译文】

通晓生命实情的人，不会去强求做不到的事；通晓命运实情的人，不会去追求智力所不能达到的事情。养育身体必须先给予一定的物质生活资料，可是物资生活资料充裕而身体却不能很好保养的情况也还是有的；保证生命的健康必定先使生命不脱离形体，可是形体没有死去而心却已死的情况也是有的。生命的到来不能阻止，生命的离去也不能挽回。可悲啊！世俗的人认为养育身形便足以保持生命；然而养育身形确实不足以保持生命，那么，世间还有什么事情值得去做呢？虽然不值得去做却不得不去做，心中的操劳或辛苦也就不可避免。

要想避免为形体操劳，莫不如抛开世间的俗事。抛开世事就不受外物牵累，没有牵累就身心本然平稳，本然平稳就与造物者一同推移变化，一同推移变化就接近大道了。分外之事为什么需要抛弃？生命为什么需要遗忘？抛开世事，形体就不会劳累；遗忘生命，精神就不会受伤。形体得到保全，精神得到凝聚，就能与自然合二为一。天地是产生万物的根源，阴阳二气相聚就成为万物的形体，阴阳二气离散就又复归于无物。形体与精神不受损伤，这叫作能与造物者一同变化；保养精神到极点，就可以反过来辅助天地的化育。

子列子问关尹曰：『至人潜行不窒，蹈火不热，行乎万物之上而不栗。请问何以至于此？』

关尹曰：『是纯气之守也，非知巧果敢之列。居，予语汝！凡有貌象声色者，皆物也，物与物何以相远？夫奚足以至乎先？是色而已。则物之造乎不形而止乎无所化，夫得是而穷之者，物焉得而止焉！彼将处乎不淫之度[①]，而藏乎无端之纪，游乎万物之所终始，壹其性，养其气，合其德，以通乎万物之所造。夫若是者，其天守全，其神无隙，物奚自入焉！』

『夫醉者之坠车，虽疾不死。骨节与人同而犯害与人异，其神全也。乘亦不知也，坠亦不知也，死生惊惧不入乎其胸中，是故遻物而不慴。彼得全于酒而犹若是，而况得全于天乎？圣人藏于天，故莫之能伤也。复仇者不折镆干，虽有忮心[②]者不怨飘瓦，是以天下平均。故无攻战之乱，无杀戮之刑者，由此道也。不开人之天，而开天之天，开天者德生，开人者贼生。不厌其天，不忽于人，几乎以其真！』

【注释】

①不淫之度：即恰如其分，指合乎天道的分寸。

②忮心：忌恨之心。

【译文】

列子问关尹说：『道德修养臻于完善的高人在水下潜游而不窒息，踩在火上也不觉得灼热，在万物的巅峰上行走也不感到恐惧。请问为什么能达到这样的境界呢？』

关尹回答说：『这是持守纯和之气的结果，不属于智巧果敢之列。坐下吧，我来告诉你。凡是有容貌、形象、声音、色彩的东西，都称为物，那么物与物为什么差别那么多？又为什么有的物能超过其他物？这不过是个表象而已。物都是在无形之中创生出来，又回归于虚静无为之中。懂得了万物生化的道理，而又能穷尽其奥妙的人，世俗之物怎么会限定他呢？他处在无过无不及的恰到好处的限度内，冥合于循环无穷推陈出新的大道纲纪中，逍遥于万物或灭或生的变化境界里。专一保持其本性，存养其精神，使品性与天道相合，从而使自身与自然相通。这样的人，他的自然本性完备无缺，他的精神没有缝隙，那么外物又从何处入侵他的心灵呢！』

『喝醉酒的人从车上摔下来，虽然摔得速度很快但不会死，骨骼关节与别人相同所受的伤害却与人不同，就因为他的精神凝聚而完备。他乘车时没有感觉，坠车时也不知道，死生惊惧这些念头没能进入他的思想中，所以撞到地上也不害怕。他因为喝醉了酒而保全了精神尚且能够如此忘却外物，更何况于自然之道中保全了精神的人呢？圣人与天道合一，所以没有什么能够伤害到他。报仇的人不会去折断曾经伤害过他的宝剑，忌恨心极重的人，也不会怨恨那飘落下来砸了自己的瓦片，正是因为只有天下平均才太平无争。所以没有相互攻战的动乱，没有残杀戮割的刑罚，都是由于保全天性的结果啊。不要人为地去开启智巧，而要开启人的自性。开启人的自性就能培养好的道德，人为地开启智巧就会产生贼害之心。不满足于对自性的修养而持之以恒，也不忽略人对天理的认识，这样的人就接近于按本性办事了。』

仲尼适楚，出于林中，见佝偻者承蜩，犹掇之也。

仲尼曰：『子巧乎，有道邪』曰：『我有道也。五六月累丸二而不坠，则失者锱铢；累三而不坠，则失者十一；累五而不坠，犹掇之也。吾处身也，若厥株拘；吾执臂也，若槁木之枝。虽天地之大，万物之多，而唯蜩翼之知。吾不反不侧，不以万物易蜩之翼，何为而不得！』

孔子顾谓弟子曰：『用志不分，乃凝[1]于神。其佝偻丈人之谓乎！』

颜渊问仲尼曰：『吾尝济乎觞深之渊，津人操舟若神。吾问焉，曰：「操舟可学邪？」曰：「可。善游者数能。若乃夫没人，则未尝见舟而便操之也。」吾问焉而不吾告，敢问何谓也？』

仲尼曰：『善游者数能，忘水[2]也。若乃夫没人之未尝见舟而便操之也，彼视渊若陵，视舟若履，犹其车却也。覆却万方陈乎前而不得入其舍，恶往而不暇！以瓦注者巧，以钩注者惮，以黄金注者殙。其巧一也，而有所矜，则重外也。凡外重者内拙。』

田开之见周威公。威公曰：『吾闻祝肾学生，吾子与祝肾游，亦何闻焉？』田开之曰：『开之操拔篲[3]以侍门庭，亦何闻于夫子！』威公曰：『田子无让，寡人愿闻之。』开之曰：『闻之夫子曰：「善养生者，若牧羊然，视其后者而鞭之。」』威公曰：『何谓也？』

田开之曰：『鲁有单豹者，岩居而水饮，不与民共利，行年七十而犹有婴儿之色，不幸遇饿虎，饿虎杀而食之。有张毅者，高门县薄，无不走也，行年四十而有内热之病以死。豹养其内而虎食其外，毅养其外而病攻其内，此二子者，皆不鞭其后者也。』

『仲尼曰：「无入而藏，无出而阳，柴立其中央。三者若得，其名必极。」夫畏涂者，十杀一人，则父子兄弟相戒也，必盛卒徒而后敢出焉，不亦知乎！人之所取畏者，衽席之上，饮食之间，而不知为之戒者，过也。』

【注释】

①凝：当作『拟』，比拟之意。

②忘水：忘掉水能危害人的性命。
③拔篲：扫帚。

【译文】

孔子前往楚国，路过一片树林，看见一个驼背老人正用竿子粘蝉，动作灵活得就像在地上捡拾一样。

孔子问道：『老先生真是灵巧啊！有什么技巧吗？』驼背老人回答说：『我有我的办法。当技艺经过五六个月的练习后，在竿头叠起两个丸子也不会坠落，这时去捕蝉，失手的情况就很少；叠起三个丸子而不坠落，失手的情况十次不会超过一次；叠起五个丸子而不坠落，也就会像在地面上捡东西一样容易。我站稳身子，就像一根立在地面的断树桩；我举竿的手臂，就像一根枯树枝；虽然天地博大，事物众多，我一心只注意蝉的翅膀，从不思前想后、左顾右盼，绝不因纷繁的事物而改变对蝉翼的注意，怎么会捉不到呢？』

孔子转身对弟子们说：『专心致志精力丝毫不分散，精神高度集中，恐怕说的就是这位驼背的老人吧！』

颜渊问孔子说：『我曾经渡过觞深之渊，船夫撑船的技艺高超得出神入化，我询问对方，说：「撑船的技艺可以学得到吗？」他回答说：「可以啊。擅长游泳的人要训练很多的技能。至于像我这样的已经忘掉水能害人性命，即便从来没有见过船，也能够撑得很好。」我问他这是为什么，他不肯告诉我，请问他这是什么意思呢？』

孔子说：『擅长游泳的人训练出多种多样的技能之后，他们就忘掉水能害人性命，忽略了水也不会害怕水从而技能发挥得会更好。至于专门训练潜水的人，他们即使从来没有见过船也能撑得很好，是因为他们在水里就像我们在陆地上一样的了，因此，他们就会把翻船看得像车退坡一样。撑船的方式虽然变化多端，他们却可以毫不在意，处之泰然；这样，无论在什么情况之下都可以做到从容镇定，悠闲自如！你没看那些赌博的人吗，如果用瓦片做赌注，他的技巧是十分高超的；如果用带钩做赌注，他的心里就会有点发慌；而如果用黄金做赌注，他由于太在乎胜负了，所以会心绪烦乱，技巧也就变得稀里糊涂。他赌博的技巧本来都是一样的，所以赌注越贵重技巧就发挥得越糟糕，就是因为人们对贵重的赌注会不由自主地产生顾惜的心理。这种顾惜的心理其实也就是对身外之物的过分看重而引起的。所以，凡是对身外之物看得重的人，他的心智也就相对变得笨拙起来了。』

田开之拜见周威公，威公说：『我听说祝肾学习养生之道，您与祝肾同游共处，也曾听到过什么吗？』田开之回答说：『我只是拿着扫帚打扫门庭，又怎么能从先生那里听到教导呢？』威公说：『田先生您不必谦虚，我愿意听听养生的道理。』田开之说：『听先生说：「善于养生的人，就像放羊那样，看见落后的羊便挥鞭驱赶它，以达到抱一守中的无偏境界。」』威公问道：『这是什么意思呢？』

田开之回答说：『鲁国有个名叫单豹的人，居住在岩洞之中，饮用山泉之水，不与世人争名夺利，到了七十岁脸色还像婴儿那样，不幸遇到饿虎，被吃掉了。还有个叫张毅的人，无论是大户、小户，没有不去拜望的，到了四十岁却得了内热病死了。单豹注重内心的修养，而饿虎从外吃掉他的身体；张毅注重名利这些身外之物，而疾病攻其内心而致死，这两个人都不是抱一守中、善于养生的人。』

『孔子说：「不要把自己深深地隐藏起来，也不要过分地暴露自己，要像木偶一样不偏不倚。如果能做到这三点，就达到了养生之道的极致。」遇到险阻多盗的地方，有十个人经过那里，如有一人被杀，于是父母兄弟便相互警戒，必须成群结队才敢通过，这不是很聪明么！世人自取灾祸的是色欲之事，饮食之事，不知道对它们有所警戒，这是很大的过错。』

祝宗人玄端以临牢栅说彘，曰：『汝奚恶死！吾将三月豢①汝，十日戒，三日齐，藉白茅，加汝肩尻乎雕俎之上，则汝为之乎？』为彘谋曰：『不如食以糠糟而错之牢栅之中。』自为谋，则苟生有轩冕之尊，死得于腞楯之上、聚偻之中则为之。为彘谋则去之，自为谋则取之，所异彘者何也！

桓公田于泽，管仲御，见鬼焉。公抚管仲之手曰：『仲父何见？』对曰：『臣无所见。』公反，诶诒为病，数日不出。

齐士有皇子告敖者曰：『公则自伤，鬼恶能伤公！夫忿滀之气，散而不反，则为不足；上而不下，则使人善怒；下而不上，则使人善忘；不上不下，中身当心，则为病。』桓公曰：『然则有鬼乎？』曰：『有。沈有履，灶有髻。户内之烦壤，雷霆处之；东北方之下者，倍阿鲑蠪跃之；西北方之下者，则泆阳处之。水有罔象，丘有峷，山有夔，野有彷徨②，泽有委蛇。』公曰：『请问委蛇之状何如？』皇子曰：『委蛇，其大如毂，其长如辕，紫衣而朱冠。其为物也恶，闻雷车之声则捧其首而立。见之者殆乎霸。』

桓公辴然而笑曰：『此寡人之所见者也。』于是正衣冠与之坐，不终日而不知病之去也。

纪渻子为王养斗鸡。十日而问：『鸡已乎？』曰：『未也，方虚侨而恃气。』十日又问，曰：『未也，犹应向③景。』十日又问，曰：『未也，犹疾视而盛气。』十日又问，曰：『几矣，鸡虽有鸣者，已无变矣，望之似木鸡矣，其德全矣，异鸡无敢应者，反走矣。』

【注释】

①豢：用谷物饲养。

②彷徨：鬼名，状如蛇，两头，身有五彩花纹。

③向：通『响』，指鸡鸣声。

【译文】

主持宗庙祭祀的官吏穿好礼服戴上礼帽来到猪圈边，对着圈里的猪说：『你为什么要害怕死呢？我将喂养你三个月，用十天为你上戒，用三天为你作斋，铺垫上白茅，然后把你的肩胛和臀部放在雕花的祭器上，你愿意这样吗？』猪的想法是还不如吃糠咽糟而关在猪圈里，官吏自己的想法，是希望活在世上有高贵荣华的地位，死后能盛装在绘有图案的柩车上和棺椁中。为猪打算就会放弃白茅、雕俎之类的东西，为自己打算却想求取这些东西，所不同于猪的原因到底是什么呢？

齐桓公在沼泽中打猎，管仲为他驾车，突然桓公见到了鬼。桓公拉住管仲的手说：『仲父，你看到什么了吗？』管仲回答：『我什么都没有见到。』桓公打猎回来，因为疲惫困怠而生了病，好几天不出门。

齐国有个叫皇子告敖的士人对齐桓公说：『你是自己伤害了自己，鬼怎么能伤害到你呢？你的身体内部郁结着气，魂魄就会离散而不返归于身，对于来自外界的骚扰也就缺乏足够的精神抵抗。郁结着的气上通而不能下达，就会使人焦躁；下达而不能上通，就会使人健忘；不上通又不下达，郁结内心而不离散，那就会生病。』桓公说：『这样，那么到底有鬼吗？』告敖回答说：『有。水中污泥里有名叫履的鬼，灶里有名叫髻的鬼。门户内的各种烦攘，都由名叫雷霆的鬼在处置；东北的墙下，有名叫倍阿鲑的鬼在跳跃；

西北方的墙下，有名叫泆阳的鬼住在那里。水里有水鬼罔象，丘陵里有山鬼峷，大山里有山鬼夔，郊野里有野鬼彷徨，草泽里还有一种名叫委蛇的鬼。』桓公接着问：『请问，委蛇的形状是什么样的？』告敖回答：『委蛇，身躯大如车轮，长如车辕，穿着紫衣戴着红帽。他作为鬼神，最害怕听到雷车的声音，一听见就两手捧着头站着。见到了他的人可能也就成了霸主了。』

桓公听了后开怀大笑，说：『这就是我所见到的鬼啊。』于是整理好衣帽跟皇子告敖坐着谈话，不到一天时间病就不知不觉地好了。

纪渻子为齐王驯养斗鸡。过了十天，齐王问：『斗鸡驯好了吗？』纪渻子回答说：『还不行，正虚浮傲慢，自恃意气呢。』十天后齐王又来问，纪渻子回答说：『还不行，还是听见鸡鸣它就叫，看见鸡影它就跳。』十天后齐王又来问，纪渻子回答说：『还是那么目光迅疾，意气强盛。』又过了十天齐王又来问，纪渻子回答说：『差不多了。别的鸡即使打鸣，它也不会有什么变化，看上去呆若木鸡，它的性情可说是完备了。别的鸡没有敢与它战斗的，都是看见它就转头逃跑了。』

孔子观于吕梁，县水三十仞，流沫四十里，鼋鼍鱼鳖之所不能游也。见一丈夫①游之，以为有苦而欲死也，使弟子并流而拯之。数百步而出，被发行歌而游于塘下。

孔子从而问焉，曰：『吾以子为鬼，察子则人也。请问，蹈水有道乎？』

曰：『亡，吾无道。吾始乎故，长乎性，成乎命。与齐俱入，与汩偕出，从水之道而无私焉。此吾所以蹈之也。』

孔子曰：『何谓始乎故，长乎性，成乎命？』

曰：『吾生于陵而安于陵，故也；长于水而安于水，性也；不知吾所以然而然，命也。』

梓庆削木为鐻，鐻成，见者惊犹鬼神。鲁侯见而问焉，曰：『子何术以为焉？』

对曰：『臣工人，何术之有？虽然，有一焉。臣将为鐻，未尝敢以耗气也。必齐以静心。齐三日，而不敢怀庆赏爵禄；齐五日，不敢怀非誉巧拙；齐七日，辄然忘吾有四枝形体也。当是时也，无公朝，其巧专而外骨[2]消。然后入山林，观天性形躯，至矣，然后成鐻，然后加手焉，不然则已，则以天合天，器之所以疑神者，其是与！』

东野稷以御见庄公，进退中绳，左右旋中规。庄公以为文弗过也，使之钩百而反。

颜阖遇之，入见曰：『稷之马将败。』公密而不应。

少焉，果败而反。公曰：『子何以知之？』

曰：『其马力竭矣。而犹求焉，故曰败。』

工倕旋而盖[3]规矩，指与物化而不以心稽，故其灵台一而不桎。忘足，履之适也；忘要，带之适也；知忘是非，心之适也；不内变，不外从，事会之适也；始乎适而未尝不适者，忘适之适也。

有孙休者，踵门而诧子扁庆子曰：『休居乡不见谓不修，临难不见谓不勇。然而田原不遇岁，事君不遇世，宾于乡里，逐于州部，则胡罪乎天哉？休恶遇此命也？』

扁子曰：『子独不闻夫至人之自行邪？忘其肝胆，遗其耳目，芒然彷徨乎尘垢之外，逍遥乎无事之业，是谓为而不恃，长而不宰。今汝饰知以惊愚，修身以明污，昭昭乎[4]若揭日月而行也。汝得全而形躯，具而九窍，无中道天于聋盲跛蹇而比于人数亦幸矣，又何暇乎天之怨哉！子往矣！』

孙子出，扁子入。坐有间，仰天而叹。弟子问曰：『先生何为叹乎？』扁子曰：『向者休来，吾告之以至人之德，吾恐其惊而遂至于惑也。』弟子曰：『不然。孙子之所言是邪，先生之所言非邪，非固不能惑是；孙子所言非邪，先生所言是邪，彼固惑而来矣，又奚罪焉！』

扁子曰：『不然。昔者有鸟止于鲁郊，鲁君说之，为具太牢以飨之，奏《九韶》以乐之。鸟乃始忧悲眩视，不敢饮食。此之谓以己养养鸟也。若夫以鸟养养鸟者，宜栖之深林，游之平陆，浮之江湖，食之以委蛇，则安平陆而已矣。今休，款启寡闻之民也，吾告以至人之德，譬之载鼷以车马，乐鴳以钟鼓也，彼又恶能无惊乎哉！』

【注释】

①丈夫：古代对男子的称呼。

②骨：同『滑』，乱。

③盖：胜过。

④昭昭乎：光明、明亮的样子。

【译文】

孔子在吕梁游玩，瀑布高悬二三十丈，冲刷而起的激流和水花远达四十里，鼋、鼍、鱼、鳖都不敢在这一带生活。见到一个壮年男子游在水中，孔子还以为他是有痛苦而想寻死的，便派弟子顺着水流去拯救他。忽见那壮年男子游出数百步远而后浮出水面，还披着头发边唱边游到堤岸下。

孔子紧跟在他身后而问道：『我还以为你是鬼，仔细观察你却是个人。请问，游水也有什么特别的技巧吗？』

那人回答：『没有，我并没有什么特别的技巧。我起初是常常来游，长大是习惯驱使，有所成就在于自然。我跟水里的漩涡一块潜到水底，又跟向上的涌流一道浮出水面，顺着水势而不作任何挣扎。这就是我游水的方法。』

孔子说：『什么叫作「起初是常常来游，长大是习惯驱使，有所成就在于自然」呢？』那人又回答：『我出生于山地就安于山地的生活，这就叫作故常；长大了又生活在水边就安于水边的生活，这就叫作习性；不知道为什么会这样生活着，这就叫作自然。』

梓庆雕刻木料做成鐻，鐻做成后，见到的人都惊叹这是鬼斧神工。鲁侯见了之后对梓庆说：『你用什么技巧做出来的呀？』

梓庆回答说：『臣是一个工匠，哪有什么技巧？但有一点可以讲一讲。我将要做鐻时，注意力不敢有一点分散，必须要斋戒使心志安静专一。斋戒三日，就不敢再有想要得到奖赏官爵俸禄的念头了；斋戒五日，不再顾忌别人对作品是批评还是赞誉，说自己巧还是说自己笨；斋戒七日，已经木然不动感觉不到自己的四肢形体。这时，心中不再有朝廷君主，专心致志于制作工艺而对外界的干扰已经全部排除。然后进入山林，观察木料的自然性能，精心选择自然形态完全合乎标准的，这时一个成形的鐻就会浮现在眼前，然后才动手去做。如果心中没有形象，那就先停下来。这就是要以自己的自然天性和木料的自然天性完全有机地融合在一起，乐器架之所以有鬼斧神工之妙，大概就是这个原因吧！』

东野稷因为善于驾车而得到鲁庄公的接见，他驾车时进退能够在一条直线上，左右转弯能够形成规整的弧形。庄公认为就连编织花纹图案也未必赶得上，于是要求他转上一百圈后再回来。颜阖看到了这件事，入朝会见庄公，说：『东野稷的马一定会失败的。』庄公默不作声。没多久，东野稷果然失败而回。庄公问：『你为什么事先就知道必定会失败呢？』颜阖回答说：『东野稷的马力气已经用尽，可是还要它不停地转圈奔走，所以说必定会失败的。』

工倕随意画个圆圈就胜过用圆规与矩尺画出的，手指随着外物一同变化而不去思考算计，所以他心灵深处专一凝聚而不曾受过控制。忘掉了脚的存在，是因为鞋子舒适；忘掉了腰的存在，是因为衣带舒适；忘掉了是非，是因为内心安适；不改变内心的持守，不受到外物的影响，是一切事情恰到好处的舒适。本性常适而从没有过不适，那是忘掉了舒适的感觉所获得的舒适。

有个名叫孙休的人，走到门前就吃惊地询问他的老师扁子，说：『我安居乡里不曾被人说过道德修养差，面临危难时也没有人说过我不勇敢；然而我的田地里却从未遇上过好收成，为国家出力也未遇上圣明的国君，被乡里所抛弃，受地方官放逐，而我对于上天有什么罪过呢？我怎么会遭遇如此的命运？』扁子说：『你没听说过那些道德修养极高的人的身体力行吗？忘却自己的肝胆，也忽略了自己的耳目，无心地纵放于世俗尘垢之外，自由自在地生活在不求建树的环境中，这就叫有所作为而不自以为是，有所建树而不洋洋自得。如今你把自己表现得很有才干用以惊吓众人，用修养自己的办法来突出他人的缺陷，毫不掩饰地炫耀自己就像在举着太阳和月亮走路。你得以保全形体和身躯，具备了九窍，没有在半途夭折于聋、瞎、跛、瘸而处于寻常人的行列，也真是万幸了，又有什么闲暇怨恨上天呢？你还是走吧！』

樹之北堂宜男多壽
虎臣先生雅正 金城

孙休走出屋子，扁子也回到房里。不多一会儿，扁子仰天长叹，弟子问道：『先生为什么长叹呢？』

扁子回答说：『刚才孙休进来，我把道德修养极高的人的德行告诉给他，我真担心他会惊奇以至迷惑更深。』

弟子说：『不会的。难道孙休所说的话是正确的吗？难道先生所说的话是错误的吗？错误的本来就不可能干扰正确的。孙休所说的话是不对的吗？先生所说的话是正确的吗？他本来就因迷惑而来请教，又有什么不对呀？』

扁子说：『不是这样的。从前有只海鸟飞到鲁国城外，鲁国国君很喜欢它，用「太牢」来宴请它，奏《九韶》乐来让它快乐，海鸟竟愁苦悲伤，眼花缭乱，不敢吃喝。他只是按自己的生活习性来养鸟。假若是按鸟的习性来养鸟，就应当让它栖息在幽深的树林，浮游在大江大湖，让它吃泥鳅和小鱼，这本是极为平常的道理而已。如今的孙休，乃管窥之见、孤陋寡闻的人，我告诉给他道德修养极高的人的德行，就好像用马车来托载小老鼠，用钟鼓的乐声来取悦小雀一样。他又怎么会不感到惊奇啊！』

【品读】

『达生』，就是通达生命的意思。怎样才能『达生』呢？本篇明确提出要摒除各种外欲，要心神宁寂事事释然，可知本篇的宗旨在于讨论如何养神。

全篇自然分为十三个部分。

第一部分至『反以相天』，是全篇主旨所在，『弃世』就能『无累』，『无累』就能『形全精复』、『与天为一』，这就是养神的要领。以下分别写了十二个小故事，寓意都是围绕这一中心来展开的。

第二部分至『民几乎以其真』，写关尹对列子的谈话，说明持守纯和元气是至关重要的，进一步才是使精神凝聚。第三部分至『其佝偻丈人之谓乎』，借『佝偻』『承蜩』的故事，说明养神的基本方法，这就是使精神高度凝聚专一。第四部分至『凡外重者内拙』，借善游者『忘水』来说明，忘却外物才能真正凝神。第五部分至『过也』，写田开之与周威公的对话和孔子的谈话，指出养神还得『养其内』与『养其外』并重，即处处顺应适宜而不过，取其折中。第六部分至『所异彘者何也』借祭祀人对猪的看法，讽喻争名逐利的行为。第七部分至『不终日而不知病之去也』，以桓公生病为例，说明心神宁静释然才是养神的基础。第八部分至『反走矣』，借养斗鸡的故事比喻说明凝神养气的方法。第九部分至『命也』，写孔子观人游水，体察安于环境、习以性成的道理。第十部分至『其是与』，写能工巧匠梓庆削木为鐻的故事，借以说明集思凝神的重要，把自我与外界高度融为一体，也就会有鬼使神工之妙。第十一部分至『故曰败』，说明自恃轻用、耗神竭劳，终究要失败的，而这与养神的要求也正好相反。第十二部分至『忘适之适也』，直接指出养神须得『不内变』『不外从』，忘却自我，也忘却外物，从而达到无所不适的境界。

余下为第十三部分，写孙休与扁子对话，篇幅较长，内容也有繁复之处，不像前面各段那么紧凑，但目的仍在于说明『忘』，忘身便能无为而自适，而无为自适才是养神的真谛。

山木

庄子行于山中，见大木，枝叶盛茂。伐木者止其旁而不取也。问其故，曰：『无所可用。』庄子曰：『此木以不材得终其天年。』

夫子出于山，舍于故人之家。故人喜，命竖子杀雁而烹之。竖子请曰：『其一能鸣，其一不能鸣，请奚杀？』主人曰：『杀不能鸣者。』

明日，弟子问于庄子曰：『昨日山中之木，以不材得终其天年；今主人之雁，以不材死。先生将何处？』

庄子笑曰：『周将处乎材与不材之间。材与不材之间，似之而非也，故未免乎累。若夫乘道德而浮游则不然，无誉无訾，一龙一蛇[①]，与时俱化，而无肯专为；一下一上，以和为量，浮游乎万物之祖；物物而不物于物，则胡可得而累邪！此神农、黄帝之法则也。若夫万物之情，人伦之传则不然：合则离，成则毁，廉则挫，尊则议，有为则亏，贤则谋，不肖则欺，胡可得而必乎哉！悲夫，弟子志[②]之，其唯道德之乡乎！』

市南宜僚见鲁侯，鲁侯有忧色。市南子曰：『君有忧色，何也？』鲁侯曰：吾学先王之道，修先君之业；吾敬鬼尊贤，亲而行之，无须臾离居。然不免于患，吾是以忧。』

市南子曰：『君之除患之术浅矣！夫丰狐文豹，栖于山林，伏于岩穴，静也；夜行昼居，戒也；虽饥渴隐约[③]，犹且胥疏于江湖之上而求食焉，定也。然且不免于罔罗机辟之患，是何罪之有哉？其皮为之灾也。今鲁国独非君之皮邪？吾愿君刳形去皮，洒心去欲，而游于无人之野。南越有邑焉，名为建德之国。其民愚而朴，少私而寡欲；知作而不知藏，与而不求其报；不知义之所适，不知礼之所将。猖狂妄行，乃蹈乎大方。其生可乐，其死可葬。吾愿君去国捐俗，与道相辅而行。』

君曰：『彼其道远而险，又有江山，我无舟车，奈何？』

市南子曰：『君无形倨，无留居，以为君车。』

君曰：『彼其道幽远而无人，吾谁与为邻？吾无粮，我无食，安得而至焉？』

市南子曰：『少君之费，寡君之欲，虽无粮而乃足。君其涉于江而浮于海。望之而不见其崖，愈往而不知其所穷。送君者皆自崖而反，君自此远矣！故有人者累，见有于人者忧。故尧非有人，非见有于人也。吾愿去君之累，除君之忧，而独与道游于大莫之国。方舟而济于河，有虚船来触舟，虽有惼心④之人不怒，有一人在其上，则呼张歙之，一呼而不闻，再呼而不闻，于是三呼邪，则必以恶声随之。向也不怒而今也怒，向也虚而今也实。人能虚己以游世，其孰能害之！』

【注释】

①一龙一蛇：或如龙之显现，或如蛇之潜藏，随时而变化。

②志：记住。

③隐约：隐形潜踪。

④惼心：心地狭窄、急躁。

【译文】

庄子一行人在山间行走，见到一棵大树，枝繁叶茂。伐木的人却停在旁边不去砍伐。问他为什么不伐这棵树，伐木工回答说：『它没有地方可用。』庄子说：『原来这棵树是因为不成材才得以终其天年的呀。』

庄子从山中走出来，寄宿在友人家中。友人很高兴，就命仆人杀只鹅来招待客人。仆人请示说：『我们有两只鹅，一只能鸣叫，一只不能鸣叫，请问杀哪一只？』主人说：『杀那只不会鸣叫的。』

第二天，弟子向庄子问道：『昨天在山中，那棵树因为不成材得以终其天年，主人家的鹅，却因不成材而被杀。先生会在成材和不成材之间选择怎样的立身处世之道呢？』

庄子笑道：『我将处在成材与不成材之间。成材与不成材之间，貌似合于大道，实则不然，所以这样不能免受牵累。至于顺乎自然而茫然无心的漫游就不是这样。没有赞誉也没有非议，时而像龙一样显现，时而像蛇一样潜藏，随时间的推移而变化，而不肯专注一端。时上时下，以与天地万物和谐为准则，茫然无心漫游于万物的本来状态。按物之本性去主宰万物，而不为外物所操纵，这样还怎么会受到牵累呢？这就是神农、黄帝遵循的法则。至于万物的情理，人世伦理的传习，就不是这样的。有聚合就有分离，有成功就有失败，刚直则受挫伤，尊贵则遭非议，有作为就会受损害，贤能就会遭暗算，不肖就会遭欺侮。怎么可能一定不受牵绊呢！可悲呀！弟子们记住，大概只有那自然之道的境界才是立身之所吧。』

市南宜僚拜见鲁侯，见到鲁侯面带忧色。市南宜僚说：『国君面带忧色，为什么呢？』鲁侯说：『我效仿先王治国的办法，承继先君的事业；我敬仰鬼神尊重贤能，亲力亲为，没有短暂的止息，可是仍不能避免祸患，我因为这个原因而忧虑。』

市南宜僚说：『你摆脱忧患的办法太浅薄了！皮毛丰厚的大狐和斑斑花纹的豹子，栖息于深山老林，隐藏于岩穴山洞，这是静心；夜里行动，白天居息，这是警惕；纵然饥渴也隐形潜踪，还要远离各种足迹到江湖上觅求食物，这又是稳定；然而还是不能逃脱罗网和机关的灾祸。这两种动物有什么罪过呢？是它们身上的皮毛给它们带来灾祸。此时的鲁国不就是为国君带来灾祸的皮毛吗？我希望你能剖空身形放弃皮毛，洗涤心灵，摒除贪念，进而逍遥于没有人迹的原野。遥远的南方有个叫建德之国的邑城。那里的人民纯厚而又质朴，很少有一己之私；知道耕作而不知道储备，给予别人什么从不奢求酬报；不明白义的真谛，不懂得礼的去向；随心所欲任意而为，竟能各自行于大道；他们生时悠然自得，死时安然而葬。我希望国君你也能舍去国政抛开世俗，从而跟大道相辅而行。』

鲁侯接着问：『那里道路遥远而又艰险，又有江河山岭阻隔，我没有可用的船和车，又该怎么呢？』

市南宜僚说：『国君不要居高自傲，不要墨守滞留，便可将它作为你的车子。』

鲁侯说：『那里道路幽暗遥远而又荒无人烟，我跟谁是邻居？我没有粮，我没有食物，怎么能够去那里呢？』

市南宜僚说：『削减你的耗费，节制你的欲念，即使没有粮食也是充足的。你渡过江河浮游大海，放眼望去看不到涯岸，越向前行便越发不知道它的穷尽。送行的人都从河岸边回去，你也就从此与之渐行渐远了！所以说统治他人的人必定劳形，受制于别人的人必定会费神。而唐尧从不役使他人，也从不受制于人。我希望能减去你的劳累，除去你的忧患，而独自与大道一起遨游于太虚的王国。并合两条船来渡河，突然有条空船碰撞过来，纵然心地最褊狭、急躁的人也不会发怒；倘若有一个人在那条船上，那就会大声呼喊呵斥来船后退。第一次呼喊没有回应，呼喊第二次也没有回应，于是喊第三次，那就必定骂声不断。刚才不发脾气而现在暴怒，那是因为刚才船是空的而今却有人在船上。一个人假使可以听任外物、处世无心而自由自在地遨游于世，谁能够伤害他？』

北宫奢为卫灵公赋敛以为钟，为坛乎郭门之外，三月而成上下之县。

王子庆忌见而问焉，曰：『子何术之设？』

奢曰：『一之间无敢设也。奢闻之：「既雕既琢，复归于朴。」侗乎其无识，傥乎其怠疑。萃乎芒乎，其送往而迎来。来者勿禁，往者勿止。从其强梁①，随其曲傅，因其自穷。

故朝夕赋敛而毫毛不挫，而况有大涂者乎！』

孔子围于陈蔡之间，七日不火食。

大公任往吊之，曰：『子几死乎？』

曰：『然。』『子恶死乎？』曰：『然。』

任曰：『予尝言不死之道。东海有鸟焉，其名曰意怠。其为鸟也，翂翂翐翐，而似无能；引援而飞，迫胁[2]而栖；进不敢为前，退不敢为后；食不敢先尝，必取其绪。是故其行列不斥，而外人卒不得害，是以免于患。直木先伐，甘井先竭。子其意者饰知以惊愚，修身以明污，昭昭乎如揭日月而行，故不免也。昔吾闻之大成之人曰：「自伐者无功，功成者堕，名成者亏。」孰能去功与名而还与众人！道流而不明居，得行而不名处；纯纯常常，乃比于狂，削迹捐势，不为功名。是故无责于人，人亦无责焉。至人不闻，子何喜哉？』孔子曰：『善哉！』辞其交游，去其弟子，逃于大泽，衣裘褐，食杼栗，入兽不乱群[3]，入鸟不乱行。鸟兽不恶，而况人乎！

孔子问子桑雽曰：『吾再逐于鲁，伐树于宋，削迹于卫，穷于商周，围于陈蔡之间。吾犯此数患，亲交益疏，徒友益散，何与？』

子桑雽曰：『子独不闻假人之亡与？林回弃千金之璧，负赤子而趋。或曰：「为其布与？赤子之布寡矣；为其累与？赤子之累多矣。弃千金之璧，负赤子而趋，何也？」林回曰：「彼以利合，此以天属也。」夫以利合者，迫穷祸患害相弃也；以天属者，迫穷祸患害相收也。夫相收之与相弃亦远矣，且君子之交淡若水，小人之交甘若醴[4]。君子淡以亲，小人甘以绝。彼无故以合者，则无故以离。』

孔子曰：『敬闻命矣！』徐行翔佯而归，绝学捐书，弟子无挹于前，其爱益加进。

异日，桑雽又曰：『舜之将死，真泠禹曰：「汝戒之哉！形莫若缘，情莫若率；缘则不离，率则不劳；不离不劳，则不求文以待形；不求文以待形，固不待物。」』

【注释】

①从其强梁：指任听自便。

②迫胁：依偎在一起。

③乱群：无欲无求，与外物无损益。

④醴（lǐ）：甜酒。

【译文】

北宫奢替卫灵公收敛钱财来铸造编钟，在城门外摆下祭坛，三个月就把上下两组编钟挂在了钟架上。

王子庆忌见到这种情况便向他问道：『你是用什么方法办到的呢？』

北宫奢说：『只认认真真地铸钟，不论使用其他什么办法。我听说：「既雕刻又琢磨，还要返归于质朴。」我无知无识不加辩解，淡然从容而又呆滞。任凭大家聚在一起，迎来送往不辨真情。来捐献的不拒绝，看看就走的人也不强求。蛮横不讲理的就顺其自然，曲意依附的也随其自由，任由他们尽力而为而不勉强。所以虽然早晚征集，百姓也未觉被扰，更何况有大道的人呢！』

孔子一行几人受困于陈国与蔡国之间，七天无法生火做饭。

大公任赶去慰问说：『先生快要饿死了吧？』

孔子回答说：『是啊！』又问：『您厌恶死吗？』回答道：『是的。』

大公任说：『我试着说说不死的道理。东海上有一种叫意怠的鸟。这种鸟飞得又低又慢，好像很没有能力的样子；它要别的鸟协助才能起飞，和众鸟依偎在一起栖息；前进时不敢打头阵，后退时不敢殿后；吃东西不敢第一个尝试，一定要别的鸟吃剩下了才敢上前。因此，它在鸟群中也就不被排挤，人也终于不能迫害他，所以得免于祸难。高大的树木先遭伐，甘美的水井先枯竭。您把精力用在礼仪上想唤醒无知，修养德行以显示别人的卑微，光明显赫像是在举着日月行走，因此也就难免遭受种种的艰难险阻。以前我听道行高的人这样讲：「自我夸耀的人没有功绩；大功告成即开始毁败，声名远扬就开始吃亏。」谁能舍弃功名而混迹于世人之中啊！大道变化流行却不是清楚易见，德成于身却是不可言说的；纯一而恒常的人性，也就是率性无心；减少文饰而放弃对权力的追求，也别为了功名而奋斗。这样，也就不但无求于别人，别人也无求于我。道行最高的人是不求闻名于世的，您又为什么有如此多的追求呢？』孔子说：『讲得妙！』于是告别朋友，离开弟子，逃往旷野之中，穿粗衣，吃野果，进入兽群兽不害怕，接近鸟群鸟不怕。鸟兽都不嫌弃他何况是人呐！

孔子问桑雽道：『我在鲁国曾遭两次驱逐，在宋国讲学被伐树受到惊辱，在卫国被人铲除足迹，在商、周之地穷困潦倒，在陈国和蔡国间受到围困。我遭逢这么多的灾祸，亲友越发疏远了，子弟们更加离散了，这是怎么一回事呢？』

桑雽回答说：『你难道没有听说过那假国人的逃亡吗？林回丢下了价值千金的璧玉，背着婴儿就逃。有人议论：「他是为了贪图钱财吗？初生婴儿的价值少之又少；他是为了怕拖累吗？初生婴儿的拖累多之又多。舍弃价值千金的璧玉，背着婴儿就跑，这是因为什么呢？」林回说：「价值千金的璧玉跟我是以利益相合，这个孩子跟我则是以天性相吸。」以利益相合的，遇上困厄、灾祸、忧患与伤害就会彼此抛弃；以天性相连的，遇上困厄、灾祸、忧患与伤害就会相互容忍。相互包容与相互抛弃区别也就太大了。而且君子的交谊淡得像清水一样，小人的交情甘醇得像美酒一样；君子淡泊却心地亲近，小人甘甜却利断义绝。大凡无缘无故而接近相合的，也会无缘无故地离散。』

孔子说：『我会认真听取你的指教！』就慢慢地走开了，闲放自得地走了回来，终止了授业丢弃了本来的书简，弟子没有一个侍学于前，然而他们对老师的敬爱反而更加深厚了。

有一天，桑又说道：『舜将死的时候，用真道晓谕夏禹：「你要当心啊！身形不如顺应自然，情感不如率真而为。顺应就不会背离，率真就不会劳苦；不背离不劳神，那么自然也就不需要用纹饰来装扮身形；不需要纹饰来矫造身形，当然也就不必受制于外物。」』

庄子衣大布而补之，正緳①系履而过魏王。魏王曰：『何先生之惫邪？』

庄子曰：『贫也，非惫也。士有道德不能行，惫也；衣弊履穿，贫也，非惫也，此所谓非遭时也。王独不见夫腾猿乎？其得楠梓豫章也，揽蔓其枝而王长其间，虽羿、蓬蒙不能眄睨也。及其得柘棘枳枸之间也，危行侧视，振动悼栗；此筋骨非有加急而不柔也，处势不便，未足以逞其能也。今处昏上乱相之间，而欲无惫，奚可得邪？此比干之见剖心，徵也夫！』

孔子穷于陈蔡之间，七日不火食，左据槁木②，右击槁枝，而歌猋氏之风，有其具而无其数，有其声而无宫角。木声与人声，犁然③有当于人之心。

颜回端拱还目而窥之。仲尼恐其广己而造大也，爱己而造哀也，曰：『回，无受天损易，无受人益难。无始而非卒也，人与天一也。夫今之歌者其谁乎？』

回曰：『敢问无受天损易。』

仲尼曰：『饥渴寒暑，穷桎不行，天地之行也，运物之泄也，言与之偕逝之谓也。为人臣者，不敢去之。执臣之道犹若是，而况乎所以待天乎！』

『何谓无受人益难？』

仲尼曰：『始用四达，爵禄并至而不穷，物之所利，乃非己也，吾命有在外者也。君子不为盗，贤人不为窃。吾若取之，何哉？故曰：鸟莫知于鷾鸸，目之所不宜处不给视，虽落其实，弃之而走。其畏人也，而袭诸人间，社稷存焉尔。』

『何谓无始而非卒？』

仲尼曰：『化其万物而不知其禅之者，焉知其所终？焉知其所始？正而待之而已耳。』

『何谓人与天一邪？』

仲尼曰：『有人，天也；有天，亦天也。人之不能有天，性也。圣人晏然体逝而终矣！』

【注释】

①麇：带子。

②据槁木：执持木杖。

③犁然：犹厘然，条理分明。

【译文】

庄子身穿粗布衣而且打上补丁，工整地用麻丝系好鞋子走过魏王身旁。魏王见了说：『先生为什么这般地疲惫呢？』

庄子说：『是贫穷，不是疲惫。士人身怀道德而不能够施行推广，这是疲惫；衣服坏了鞋子破了，这是贫穷，而不是疲惫。这种情况就是所说的生不逢时。大王没有看见过那跳跃的猿猴吗？它们栖居在楠、梓、豫、章等高大乔木的树林里，抓住藤蔓似的小树枝随心所欲地跳跃而称王称霸，即使是神箭手羿和逢蒙也不敢轻视它们。等到生活在柘、棘、枳、枸等刺蓬灌木丛中，小心翼翼地行走而且不时地左右分神，内心震颤恐惧发抖。这并不是筋骨紧缩有了变化而不再灵活，而是生活环境很不方便，不能充分施展才能。如今处于君昏臣乱的时代，要想不疲惫，怎能如愿？这种情况比干遭剖心刑戮就是最好的佐证啊！』

孔子一行几人受困于陈国和蔡国之间，七天没有生火做饭了。孔子向左靠在枯树上，用右手拿着枯枝打拍子，唱着神农氏时期的歌谣。此时孔子的歌声，纵然有根枯树枝在敲打着节拍，节奏上却是不一致的；虽然还有力气唱出声音来，却已经不由自主地走了调。尽管如此，敲打的声音和孔子歌唱的声音，却仍然悠然动听，十分地扣人心弦。

颜回端端正正地拱着手站着，他斜眼悄悄地看着孔子。孔子害怕颜回过分推崇自己而有所夸大，由于爱己过深而过分忧伤，就说：『颜回呀，不让天损害自己很简单，不接受别人对自己的好处却相当不易。没有哪个起点不是终点，人和天是同一个整体。如此说来，今天唱歌的人到底是谁呢？』

颜回说：『请问不让天损害自己很容易是指什么呢？』

孔子说：『饥渴寒暑的侵袭，困穷滞碍而不能转变，这是天地的运行，也是万物无穷变化的发动和变迁，也代表着，人要和天地万物的运动变化相一致。作为人之臣，不敢违抗君命。一个人守为臣之道尚且不敢违抗君命，更何况是面对天地之大道，怎会有丝毫违抗的可能呢！不可违抗的损害何谈是损害呢？』

颜回又问道：『不接受别人对自己的好处相当困难是什么意思？』

孔子说道：『刚开始你办什么事都认为顺利，爵位和俸禄一齐到来好像很多很多。这些外物带来的益处，实际上是身外之物，与人的自然本性无关，然而我们的命运总是会被这些身外之物所牵绊。君子不会做盗贼，贤人也不会去偷窃。我却免不了获得这些身外之物，这是什么理由呢？所以说，没有鸟比燕子更聪明，看见不适宜停歇的地方，虽然有诱惑它的食物，也会不顾食物而飞走。燕子害怕人，可它却进入到人的生活圈子，不过只是将它们的巢窠暂寄在人的房舍罢了。』

颜回又问：『没有哪个起点不是终点又是什么呢？』

孔子说：『万物变化无穷，不可能完全明白是谁替代了谁而谁又为谁所替代，哪里能知道它们的终点？又如何能知道它们的起点？只不过持守正道随应它的变化而已。』

颜回又问：『人与天是同一的又是怎么回事呢？』

孔子说：『一切事的变化，都受天的支配；一切道的变化，也是由于天的变化。人不可能支配天道，这是人的本性决定的，因此，圣人会安然地参透到天道的，生生不息，随着自然变化而终老天年！』

庄周游于雕陵之樊，睹一异鹊自南方来者。翼广七尺，目大运寸，感周之颡，而集于栗林。庄周曰：『此何鸟哉，翼殷不逝，目大不睹。』蹇裳躩步，执弹而留之。睹一蝉，方得美荫而忘其身；螳螂执翳而搏之，见得而忘其形；异鹊从而利之，见利而忘其真。庄周怵然曰：『噫！物固相累，二类相召也！』捐弹而反走，虞人[1]逐而谇之。

庄周反入，三日不庭。蔺且从而问之：『夫子何为顷间甚不庭乎？』庄周曰：『吾守形而忘身，观于浊水而迷于清渊。且吾闻诸夫子曰：「入其俗，从其令。」今吾游于雕陵而忘吾身，异鹊感吾颡，游于栗林而忘真，栗林虞人以吾为戮，吾所以不庭也。』

阳子之宋，宿于逆旅。逆旅人有妾二人，其一人美，其一人恶[2]，恶者贵而美者贱。阳子问其故，逆旅小子对曰：『其美者自美，吾不知其美也；其恶者自恶，吾不知其恶也。』

阳子曰：『弟子记之！行贤而去自贤之行，安往而不爱哉！』

【注释】

①虞人：看管栗园的人。

②恶：丑。

【译文】

庄子在雕陵果树林里游玩，看见从南方飞来一只奇异并的怪鹊。这只怪鹊翅膀宽达七尺，眼睛大得长约一寸，碰着庄子的额头而停歇在果树林里。庄子问：『这是什么鸟啊？翅膀大然而不能远飞，眼睛大视力然而不敏锐？』于是提起衣裳快步跟上，拿着弹弓静静地等待着时机。突然这时看见一只蝉，正在浓密的树荫里美美地休息而淡忘了自身的安危；一只螳螂用树叶作遮掩打算见机扑上去捕捉蝉，螳螂眼看即将得手而忽略了自己形体的存在；那只怪鹊紧随其后认为那是绝妙的时机，眼看即将捕到螳螂而又失去了自身的真性。庄子惊恐而警惕地说：『啊，世上的生物原本就是这样相互牵累、相互争夺的，两种物类之间也总是以利相吸引！』庄子于是扔掉弹弓转身急忙离去，看守栗园的人大惑不解地在后面追着责问。

庄子返回家中，整整三天心情不佳。弟子蔺且跟随一旁寻问：『先生为什么这几天来一直很不开心呢？』

庄子回答道：『我留意外物的形体却忘记了自身的安危，观赏于混浊的流水却被清澈的水潭迷惑。而且我在老聃老师那里听说：「每到一个地方，就要遵从那里的习惯与禁忌。」现在我来到雕陵栗园便忘却了自身的安危，奇异的怪鹊撞上了我的额头，游玩于果林时又失去了自身的真性。管园的人误解我继而侮辱我，我感到很不愉快。』

阳朱到宋国去，住在旅店里。旅店主人有两个小妾，其中一个样貌漂亮，一个却丑陋，可是长得丑陋的受到宠幸，反而长得漂亮的却受到冷淡。阳朱问为什么，年轻的店主回答：『那个长得漂亮的自以为漂亮，然而我却不觉得她漂亮；那个长得丑陋的自以为丑陋，然而我却不觉得她丑陋。』

阳朱对弟子说：『弟子们记住！品行贤良但却不以具有贤良的品行自居，去到哪里不会受到尊敬和爱戴呢！』

【品读】

全篇由各自独立的九则寓言故事组成，每则寓言故事的主旨不尽相同，但大体上反映了社会生活中的种种体验和感悟，不乏深邃的人生哲理和对社会问题的深刻认识。

全文分为九个部分。第一部分至『其为道德之乡乎』，写山木无用却能保全和雁不能鸣因而被杀，说明很难找到一条万全的路，最好的办法也只能是役使外物而不被外物所役使，浮游于『万物之祖』和『道德之乡』。这一部分对于揭示篇文题旨最为重要。第二部分至『其孰能害之』，指出贪图权位必然引起争端，必然带来祸患，唯有『虚己』才能除患避祸。第三部分至『而况有大涂者乎』，通过赋敛以造钟的故事讽喻不应拘滞于物，真正需要的是顺任自然。第四部分至『而况人乎』，写孔子在陈、蔡之间被围，说明世途多艰，『削迹捐势』『不为功名』才是处世之道。第五部分至『固不待物』，通过孔子和桑雽的对话，进一步提出缘形、率情的主张，即顺应自然去行动，遵从本性去纵情。第六部分至『此比干之见剖心征也夫』，写庄子的贫困，原因却在于『今处昏上乱相之间』。第七部分至『圣人晏然体逝而终矣，』通过孔子被围时的态度，说明圣人身处逆境也能安然顺应。第八部分至『吾所以不庭也』，借庄子一系列所见喻指人世间总是在不停地争斗中。余下为第九部分，通过一个有趣的小故事，说明忘形的重要。

篇内写了许多处世不易和世事多患的故事，希望找到一条最佳途径，而其主要精神仍是虚己、无为。

田子方

田子方侍坐于魏文侯，数称谿工。

文侯曰：『谿工，子之师邪？』

子方曰：『非也，无择之里人①也。称道数当，故无择称之。』

文侯曰：『然则子无师邪？』

子方曰：『有。』

曰：『子之师谁邪？』

子方曰：『东郭顺子。』

文侯曰：『然则夫子何故未尝称之？』

子方曰：『其为人也真。人貌而天虚，缘而葆真，清而容物。物无道，正容以悟之，使人之意也消。无择何足以称之！』

子方出，文侯傥然，终日不言。召前立臣而语之曰：『远矣，全德之君子！始吾以圣知之言、仁义之行为至矣。吾闻子方之师，吾形解②而不欲动，口钳而不欲言。吾所学者，直土梗耳！夫魏真为我累耳！』

温伯雪子适齐，舍于鲁。鲁人有请见之者，温伯雪子曰：『不可。吾闻中国之君子，明乎礼义而陋于知人心，吾不欲见也。』

至于齐，反舍于鲁，是人也又请见。温伯雪子曰：『往也蕲[3]见我，今也又蕲见我，是必有以振我也。』出而见客，入而叹。

明日见客，又入而叹。其仆曰：『每见之客也，必入而叹，何邪？』

曰：『吾固告子矣：「中国之民，明乎礼义而陋乎知人心。」昔之见我者，进退一成规、一成矩，从容一若龙、一若虎，其谏我也似子，其道我也似父，是以叹也。』

仲尼见之而不言。而出。子路曰：『吾子欲见温伯雪子久矣，见之而不言，何邪？』

仲尼曰：『若夫人者，目击而道存矣，亦不可以容声矣。』

颜渊问于仲尼曰：『夫子步亦步，夫子趋亦趋，夫子驰亦驰，夫子奔逸绝尘，而回瞠若乎后矣！』

仲尼曰：『回，何谓邪？』

曰：『夫子步，亦步也；夫子言，亦言也；夫子趋，亦趋也；夫子辩，亦辩也；夫子驰，亦驰也；夫子言道，回亦言道也。及奔逸绝尘而回瞠若乎后者，夫子不言而信，不比而周，无器而民蹈乎前，而不知所以然而已矣。』

仲尼曰：『恶！可不察与！夫哀莫大于心死，而人死亦次之。日出东方而入于西极，万物莫不比方[4]，有目有趾者，待是而后成功，是出则存，是入则亡。万物亦然，有待也而死，有待也而生。吾一受其成形，而不化以待尽。效物而动，日夜无隙，而不知其所终。薰然其成形，知命不能规乎其前，丘以是日徂。吾终身与汝交一臂而失之，可不哀与？女殆著乎吾所以著也。彼已尽矣，而女求之以为有，是求马于唐肆也。吾服女也甚忘，女服吾也甚忘。虽然，女奚患焉！虽忘乎故吾，吾有不忘者存。』

【注释】

①里人：老乡、同乡之人。

②形解：身体松弛懒散。

③蕲：通『祈』，请求。

④比方：指顺着太阳的方向。

【译文】

田子方陪同坐在魏文侯身边，屡次称赞谿工这个人。

文侯问：『谿工是先生的老师吗？』

子方回答说：『不是，只是我的同乡。讲说大道常常恰当在理，所以我称赞他。』

文侯问：『那么先生没有老师吗？』

子方回答说：『有。』

又问：『您的老师是谁呢？』

子方回答说：『是东郭顺子。』

文侯说：『可是，先生为什么从来没有称赞过他呢？』

子方说：『他为人真诚，具有人的体貌和天地一样空虚的心，随和而保持真性，品性高洁又能容人容物。人与事不合正道，他端正自己的仪态使人自悟其过而改之。我哪里有资格去称赞他呀！』

子方出去后，文侯若有所失的样子，整天不言语。招呼站在面前的侍臣并对他说：『太深远玄妙了，真是一位德行完备的君子！起初我认为仁义的行为，圣智的言论是至高无上的。我听到子方老师的讲述后，身体松散不愿动，口像被钳住一样不愿说话，对照我所学的知识，我只是没有生命的土偶而已！魏国真成了我的负累啊！』

温伯雪子到齐国去，中途在鲁国歇宿。鲁国有人请求拜见他，温伯雪子说：『不必。我听说中原国家的君子，懂得礼义却不懂得识人心，我不想见他们。』

到齐国后，他在返回途中又到鲁国歇宿，这些人又请求拜见。温伯雪子说：『上次要见我，这次又要见我，这些人一定会对我有所启发吧。』温伯雪子于是出来接见了这些客人，可是回到屋里便叹息不已。

第二天再次会见这些客人，回到屋里又叹息不已。他的随从问道：『每次会见这些客人，您回到屋里就叹息不已，这是为什么呢？』

温伯雪子说：『我开始就告诉过你：「中原国家的人，懂得礼义却不懂得识人心。」之前会见我的那些人，出入进退全都那么符合礼仪，动作表情却又全都如龙似虎。他们劝谏我时那样子就像是个儿子，他们教导我时那样子又像是个父亲，因此我才叹息不已。』

后来孔子去见温伯雪子，却是一言不发。子路问：『先生想会见温伯雪子已经很久了，可是见了他却没有说一句话，这是怎么回事呢？』

孔子回答说：『像他那样的人，你一看就知道大道存在于他的身上，所以也就无需任何言语了。』

颜渊向孔子问道：『先生行走我也行走，先生加快脚步我也加快脚步，先生奔跑我也奔跑，先生脚不沾地飞奔而去，学生只能干瞪着眼落在后面了！』

孔子不解地说：『颜回，你这些话是什么意思呢？』

颜回解释道：『先生行走，我也跟着行走；先生说话，我也跟着说话；先生加快脚步，我也跟着加快脚步；先生辩论，我也跟着辩论；先生奔跑，我也跟着奔跑；先生谈论大道，我也跟着谈论大道；等到先生快步如飞、脚不沾地飞奔学生只能干瞪着眼落在后面，是指先生不说什么却能够取信于大家，不表示亲近却能使情意传遍周围所有的人，不居高位、不拥权势却能让人民像滔滔流水那样涌聚于身后，而我却不懂得先生为什么能够做到这样。』

孔子回答说：『唉！怎么能不明白呢？最大的悲哀莫过于心死，而形体的死亡却是次要的。太阳从东方升起而落于西方，万物没有不按照这个方向而变化的，有眼有脚的人类，依靠太阳才能生存，日出而劳作，日落而休息。万物也像人类依靠太阳一样，必须顺从于自然之道而死，顺从于自然之道而生。我一旦接受了自然赋予我的形体，就不再轻易变化，而是等待着自然的消亡；感受外物的作用而变化，日夜从不间断，不知何时是自己生命的终结；自然地聚合成形体，即使是知命的人也无法对自己的命运作任何规划，我因此与自然变化一致。我与你终身共处，而你却像交臂而过者不能真正地认识我，能不感到悲哀吗？你大概只能看见我的那些表象吧。表象已经消失殆尽，而你还在寻求，把它当作仍然存在的东西，这好像是在奔马顷刻而过的亭中寻求马匹那样可笑。我对你的存念应当很快忘掉，你对我的思念也应当赶快忘却。忘掉我，你又有什么可忧虑的呢？忘掉的不过是带有表象时的我，我还有长流而日新的真道存在着。』

孔子见老聃，老聃新沐，方将被发而干，慹然似非人。孔子便而待之，少焉见，曰：『丘也眩与，其

信然与？向者先生形体掘①若槁木，似遗物离人而立于独也。』老聃曰：『吾游心于物之初。』

孔子曰：『何谓邪？』曰：『心困焉而不能知，口辟焉而不能言，尝为汝议乎其将。至阴肃肃，至阳赫赫；肃肃出乎天，赫赫出乎地。两者交通成和而物生焉，或为之纪而莫见其形。消息满虚，一晦一明，日改月化，日有所为而莫见其功。生有所乎萌，死有所乎归，始终相反乎无端而莫知乎其所穷。非是也。且孰为之宗！』

孔子曰：『请问游是。』老聃曰：『夫得是，至美至乐也。得至美而游乎至乐，谓之至人。』

孔子曰：『愿闻其方』。曰：『草食之兽不疾易薮，水生之虫不疾易水，行小变而不失其大常也，喜怒哀乐不入于胸次。夫天下也者，万物之所一也。得其所一而同焉，则四支百体将为尘垢，而死生终始将为昼夜而莫之能滑，而况得丧祸福之所介乎！弃隶者若弃泥涂，知身贵于隶也，贵在于我而不失于变。且万化而未始有极也，夫孰足以患心！已为道者解乎此。』

孔子曰：『夫子德配天地，而犹假至言以修心。古之君子，孰能脱焉？』老聃曰：『不然。夫水之于汋也，无为而才自然矣。至人之于德也，不修而物不能离焉。若天之自高，地之自厚，日月之自明，夫何修焉！』

孔子出，以告颜回曰：『丘之于道也，其犹醯鸡与！微夫子之发吾覆也，吾不知天地之大全也。』

【注释】

①掘：同『倔』，独立的样子。

【译文】

孔子去见老聃，老聃刚洗完头发，正披散头发等待晾干，凝神不动就像个木偶。孔子屏隐于门后等待。过了一会儿入见，说：『是我孔丘眼花看不清楚呢，还是确实如此呢？刚才先生的形体有如枯木，好像抛弃了万物，离开了人世，而站立在虚寂空灵的境地。』老聃说：『我的精神遨游于天地万物初始时至真至虚的境地。』

孔子问道：『这是什么意思呢？』老聃回答说：『我的心想知道它却无法知道，我的口想说明它却无法说明，试着为你描述个大致的情形：阴气非常寒冷，阳气非常酷热。阴气出自地，阳气发于天，两者互相交融而成为细缊混沌的状态，万物便产生了。是谁为这种变化规范基准，却看不到它的形迹。阴阳二气的消逝、增长、充盈、空虚，夜晚白昼的更替，每日每月都有新的变化，它们日夜化生万物似乎有所作为，但它们只是顺其自然而已，人们始终不能看到它们的有为之功。万物的生命从真道那里萌发而来，死后又返归到真道那里去，生死相反相因，是无法追究其始末的。如果不是真道，谁又是万物变化的主宰呢！』

孔子说：『请问遨游于宇宙之初、万物之始的情况。』老聃回答：『达到这样的境界，就是「至美」「至乐」了，感受到「至美」也就是遨游于「至乐」，这就叫作「至人」。』

孔子说：『我希望能知道那样的方法。』老聃说：『食草的兽类不担忧变换生活的草泽，水生的虫豸不害怕改变生活的水域，这是因为只进行了小小的变化而没有失去惯常的生活环境，这样喜怒哀乐各种情绪就不会进入到内心。普天之下，都是万物共同生息的环境。获得这共同生活的环境而又混合其中，那么人的四肢以及众多的躯体最终都将变成尘垢，而死亡、生存终结，开始也将像昼夜更替一样没有什么能够扰乱它，何必去介意那些得失祸福呢！舍弃得失祸福之类附属于己的东西就像丢弃泥土一样，明白自身远比这些附属于自己的东西更为珍贵，珍贵在于我自身而不因外在变化而消失。况且宇宙间的千变万化从来就没有过终止，怎么值得使内心忧患！已经领悟大道的人便能通晓这个道理。』

孔子说：『先生的德行浑然天成，仍然借助于至理真言来修养心性，古时候的君子，又有谁能够做到这样呢？』老聃说：『不是这样的。水激涌而出，不借助于人力方才自然。道德修养高尚的人对于品德，无须加以培养万物也不会摆脱它的影响，就像天自然高，地自然厚，太阳与月亮自然光明，又哪里用得着修养呢！』

孔子从老聃那儿离开，把见到老聃的情况告诉给了颜回，说：『我对于大道，就好像瓮中的小飞虫与瓮外的广阔天地啊！如果不是老聃的启迪揭开了我的蒙昧，我不会知道天地之大那是一定的了。』

庄子见鲁哀公，哀公曰：『鲁多儒士，少为先生方者。』

庄子曰：『鲁少儒。』

哀公曰：『举鲁国而儒服，何谓少乎？』

庄子曰：『周闻之：儒者冠圜冠者知天时，履句履者知地形，缓①佩玦者事至而断。君子有其道者，未必为其服也；为其服者，未必知其道也。公固以为不然，何不号于国中曰：「无此道而为此服者，其罪死！」』

于是哀公号之五日，而鲁国无敢儒服者。独有一丈夫，儒服而立乎公门。公即召而问以国事，千转万变而不穷。

庄子曰：『以鲁国而儒者一人耳，可谓多乎？』

百里奚爵禄不入于心，故饭牛②而牛肥，使秦穆公忘其贱，与之政也。有虞氏死生不入于心，故足以动人。

宋元君将画图，众史皆至，受揖而立，舐笔和墨，在外者半。有一史后至者，儃儃然③不趋，受揖不立，因之舍。公使人视之，则解衣般礴蠃。君曰：『可矣，是真画者也。』

文王观于臧，见一丈人钓，而其钓莫钓。非持其钓有钓者也，常钓也。

文王欲举而授之政，而恐大臣父兄之弗安也；欲终而释之，而不忍百姓之无天也。于是旦而属之大夫曰：『昔者寡人梦见良人，黑色而髯，乘驳马而偏朱蹄，号曰：「寓而政于臧丈人，庶几乎民有瘳乎！」』

诸大夫蹴然曰：『先君王也。』

文王曰：『然则卜之。』

诸大夫曰：『先君之命，王其无它，又何卜焉！』

遂迎臧丈人而授之政。典法无更，偏令无出。三年，文王观于国，则列士坏植散群，长官者不成德④，觙斛不敢入于四竟。列士坏植散群，则尚同也；长官者不成德，则同务也；觙斛不敢入于四竟，则诸侯无二心也。

文王于是焉以为大师，北面而问曰：『政可以及天下乎？』臧丈人昧然而不应，泛然而辞，朝令而夜遁，终身无闻。

颜渊问于仲尼曰：『文王其犹未邪？又何以梦为乎？』

仲尼曰：『默，汝无言，夫文王尽之也，而又何论刺焉！彼直以循斯须也。』

【注释】

①缓：用五彩丝编成的带子，用以系块。

②饭牛：养牛。

③儃儃然：舒缓闲适的样子。

④不成德：不建立个人之功德。

【译文】

庄子拜见鲁哀公。鲁哀公说：『鲁国盛产儒士，很少有信仰先生道学的人。』

庄子说：『鲁国很少儒士。』

鲁哀公说：『全鲁国的人都穿着儒士的衣服，怎么能说儒士很少呢？』

庄子说：『我听说，戴圆帽的儒士知晓天时；穿着方鞋的儒士，熟悉地形；佩带用五色丝绳系着玉玦的，遇事能决断。君子拥有那种学问和本事的，不一定要穿儒士的衣服；穿上儒士衣服的人，不一定会具有那种学问和本事。你如果认为一定不是这样，为何不在国中号令：「没有儒士的学问和本事而又穿着儒士服装的人，必定处以死罪！」』

于是哀公号令五天，鲁国中基本没有敢再穿儒士服装的人，只有一个男子穿着儒士服装站立于朝门之外。鲁哀公立即召他进来征询他对国事的意见，无论多么复杂的问题他都能做出回答。

庄子说：『鲁国这么大而儒者只有一人哪，怎么能说有很多呢？』

百里奚不把爵位和俸禄放在心上，所以饲养牛时把牛喂得很肥，致使秦穆公忘记了他地位的卑微，从而委之以国事。有虞氏从不把死生放在心上，所以能够感动人心。

宋元公准备召人作画，众多的画师都来了，接受了旨意便恭敬地站在一旁，舔笔调墨准备作画，门外边还站着一半人。有一位画师最后来到，他神态坦然自若，一点儿也不慌张，接受了旨意也不在外恭候，而是让人引着向馆舍里走去。宋元公派人去看，只见他脱掉上衣赤着上身盘腿而坐。宋元公说：『好哇，这才是真正的画师。』

文王在臧地游玩，看见一位老人在水边垂钓，可是他貌似在垂钓却又不像是在钓鱼，不是手拿钓竿而有心钓鱼，因为钓钩总是悬在水面上。

文王一心要起用他并把朝政委托给他，可是又担心大臣和宗族对此放心不下；想就此作罢放弃这个念头，却又不忍心天下的百姓得不到天子的恩泽。于是大清早便召来诸大夫告诉他们说：『昨晚我梦见了一位非常贤良的人，他黑黑的脸庞长长的胡须，骑着一匹斑驳的杂色马，而且四只马蹄半侧是红的，他对我大声呼喊说：「把你的朝政委托给那位臧地的老人，恐怕你的百姓也就基本解除了痛苦啦！」』

诸位大夫惊恐不安地说：『这个显梦的人就是君王的父亲！』

文王说：『既然如此，那么我们还是占卜这件事吧。』

诸位大夫说：『既然是先君的命令，君王还是不必多虑，又哪里用得着再行占卜呢？』

于是请来了这位臧地老人并且把朝政委托给他。典章法规不更改，一条政令不发布。三年时间，文王在国内遍访考察，见到各地的地方势力集团全都纷纷解散，各级长官不再树立夸耀自己的功德，不同的庾和斛不再能进入国境使用。诸侯也就不会生出异心。

文王于是把臧地老人拜为太师，以臣下的姿态恭敬地向他问道：『这样的政事可以推行于天下吗？』臧地老人默不作声，抑或漫不经心地予以推辞，早晨文王向他征询意见可夜晚他就逃跑了，从那以后就再也听不到他的消息。

颜渊向孔子问道：『难道文王还未能达到圣人的境界吗？为什么还要假托于梦呢？』

孔子说：『闭嘴，你不要再说！文王称得上最完美的圣人了，你怎么能随意评论和指责呢？他也只不过是短时间内迎合众人的心态罢了。』

列御寇为伯昏无人射，引之盈贯，措杯水其肘上，发之，适矢复沓，方矢复寓。当是时，犹象人也。伯昏无人曰：『是射之射，非不射之射也。尝与汝登高山，履危石，临百仞之渊，若能射乎？』于是无人遂登高山，履危石，临百仞之渊，背逡巡，足二分垂在外，揖御寇而进之。御寇伏地，汗流至踵。

伯昏无人曰：『夫至人者，上窥青天，下潜黄泉①，挥斥八极，神气不变。今汝怵然有恂目之志，尔于中②也殆矣夫！』

肩吾问于孙叔敖曰：『子三为令尹而不荣华，三去之而无忧色。吾始也疑子，今视子之鼻间栩栩然，子之用心独奈何？』

孙叔敖曰：『吾何以过人哉！吾以其来不可却也，其去不可止③也。吾以为得失之非我也，而无忧色而已矣。我何以过人哉！且不知其在彼乎？其在我乎？其在彼邪？亡乎我。在我邪？亡乎彼。方将踌躇，方将四顾，何暇至乎人贵人贱哉！』

仲尼闻之曰：『古之真人，知者不得说，美人不得滥，盗人不得劫，伏羲、黄帝不得友。死生亦大矣，而无变乎己，况爵禄乎！若然者，其神经乎大山而无介，入乎渊泉而不濡，处卑细而不惫，充满天地，既以与人，己愈有。』

楚王与凡君坐，少焉，楚王左右曰凡亡者三。凡君曰：『凡之亡也，不足以丧吾存。夫凡之亡不足以丧吾存，则楚之存，不足以存存④。由是观之，则凡未始亡而楚未始存也。』

【注释】

①窥、潜：皆为探测之意。

②中：心，即精神。

③止：挽留。

④存存：犹言存道。

【译文】

列御寇为伯昏无人表演射箭的才能，他拉满弓弦，又放置一杯水在手肘上，射出第一支箭，箭还未至靶的，紧接着又搭上了一支箭，刚射出第二支箭而另一支又搭上了弓弦。在这个时候，列御寇的神态真像是一动也不动的木偶人似的。

伯昏无人看后说：『这只是有心射箭的状态，还不是无心射箭的状态。我想跟你登上高山，脚踏危石，面对百丈的深渊，那时你还能射箭吗？』

于是伯昏无人登上高山，脚踏危石，身临百丈深渊，然后再转过身来慢慢往悬崖方向退步，直到部分脚掌悬空这才拱手恭请列御寇跟上来射箭。列御寇趴在地上，吓得汗水直流到脚后跟。

伯昏无人说：『一个修养高尚的「至人」，上能窥测青天，下能潜入黄泉，精神自由奔放通达于宇宙八方，状态始终不会改变。如今你胆战心惊有了眼花恐惧的念头，你要射中靶不就很困难了吗？』

肩吾向孙叔敖问道：『你三次出任令尹却不显出高傲，三次被罢官也没有表现出忧愁的神色，起初我对你确实不敢相信，如今看见你容颜是那么欢畅自适，你的心里究竟是怎样的呢？』

孙叔敖回答说：『我哪里有什么过人之处啊！我认为高官厚禄的到来不必去推却，它们的离去也不应该去阻止。我认为得与失都不是出自我自身，因而没有忧愁的神色罢了。我哪里有什么过人之处啊！何况我不知道这官爵是落在他人身上，还是落在我身上呢？落在他人身上，那就与我无关；落在我的身上，那就与他人无关。我正心旷神怡悠闲自在，我正踌躇满志四处张望，哪里有工夫去顾及人的尊贵与卑贱啊！』

孔子听到这件事，感慨地说：『古时候的真人，最有智慧的人不能说服他，最美的女人不能使他淫乱，强盗不能够抢劫他，就算是伏羲和黄帝也无法跟他结为朋友。死与生也算得上是大事情了，同样不能使他有什么改变，更何况是爵位与俸禄呢？像这样的人，他的精神穿越大山不会有阻碍，潜入深渊不会被沾湿，出身卑微不会感到困乏，他的精神充满于天地，将全部奉献给他人，自己却越发感觉到充实富有。』

楚文王与凡国国君坐在一块说话，不一会儿，楚王的近臣一次又一次过来报告凡国已经灭亡。凡国国君说：『凡国的灭亡，不足以影响我的存在。既然凡国的灭亡不足以影响我的存在，那么楚国的存在也不足以影响它的存在。由此看来，那么凡国也就没有灭亡而楚国也就没有存在了。』

【品读】

全篇内容比较杂，具有随笔、杂记的特点，不过从一些重要章节看，主要还是表现虚怀无为、随应自然、不受外物束缚的思想。

全文自然分成长短不一、各不相连的十一个部分，第一部分至『夫魏真为我累耳』，通过田子方与魏文侯的对话，称赞东郭顺子处处循『真』的处世态度。第二部分至『亦不可以容声矣』，批评『明乎礼而陋乎知人心』的作法，提倡体道无言的无为态度。第三部分至『吾有不忘者存』，写孔子和颜渊的谈话，指出『哀莫大于心死，而人死亦次之』，要得不至于『心死』，就得像『日出于东方而入于西极』那样地『日徂』；所谓『日徂』即每日都随着变化而推移。第四部分至『吾不知天地之大全也』，借老聃的言论表达『至美至乐』的主张，能够『至美至乐』的人就是『至人』；怎样才能『至美至乐』呢？那就得『喜怒哀乐不入胸次』而『游心于物之初』。第五部分至『可谓多乎』，写了一个小寓言，说明有其形不一定有其真，有其真也就不一定拘其形。第六部分至『故足以动人』，指出应当爵禄和死生都『不入于心』。第七部分至『是真画者也』，写画画并非一定要有画画的架势。第八部分至『彼直以循斯须也』，写臧丈人无为而治的主张。第九部分至『尔于中也殆矣夫』，以伯昏无人凝神而射作比喻，说明寂志凝神的重要。第十部分至『己愈有』，写孙叔敖对官爵的得失无动于衷；余下为第十一部分，写凡国国君对国之存亡无动于衷；两个故事都说明，不能为任何外物所动，善于自持便能虚怀无己。

知北游

知北游于玄水之上，登隐弅之丘，而适遭无为谓焉。知谓无为谓曰：『予欲有问乎若：何思何虑则知道？何处何服则安道①？何从何道则得道？』三问而无为谓不答也。非不答，不知答也。

知不得问，反于白水之南，登狐阕之上，而睹狂屈焉。知以之言也问乎狂屈。狂屈曰：『唉！予知之，将语若。』中欲言而忘其所欲言。

知不得问，反于帝宫，见黄帝而问焉。黄帝曰：『无思无虑始知道，无处无服始安道，无从无道始得道。』

知问黄帝曰：『我与若知之，彼与彼不知也，其孰是邪？』

黄帝曰：『彼无为谓真是也，狂屈似之，我与汝终不近也。夫知者不言，言者不知，故圣人行不言之教。道不可致，德不可至。仁可为也，义可亏也，礼相伪也。故曰：「失道而后德，失德而后仁，失仁而后义，失义而后礼。」礼者，道之华而乱之首也。故曰：「为道者日损，损之又损，以至于无为。无为而无不为也。」今已为物也，欲复归根，不亦难乎！其易也其惟大人乎！生也死之徒，死也生之始，孰知其纪！人之生，气之聚也。聚则为生，散则为死。若死生为徒，吾又何患！故万物一也。是其所美者为神奇，其所恶者为臭腐。臭腐复化为神奇，神奇复化为臭腐。故曰：「通天下一气耳。」圣人故贵一。』

知谓黄帝曰：『吾问无为谓，无为谓不应我，非不我应，不知应我也；吾问狂屈，狂屈中欲告我而不我告②，非不我告，中欲告而忘之也；今予问乎若，若知之，奚故不近？』

黄帝曰：『彼其真是也，以其不知也；此其似之也，以其忘之也；予与若终不近也，以其知之也。』

狂屈闻之，以黄帝为知言。

【注释】

①服：行事。安：持守。

②不我告：不告诉我。

【译文】

知向北巡游，到了玄水岸边，登上名叫隐弅的山丘，碰巧在那里遇上了无为谓。知对无为谓说：『我有一些疑问想向你请教：怎样思索、怎样考虑才能懂得道？如何居处、如何行事才可持守道？由何种途径用何种方法才可获得道？』问了三遍无为谓都不能给出答案，不是不回答，事实上是他不知道如何回答。

知从无为谓那里得不到答案，便返回到白水的南面，登上名叫狐阕的山丘，在那里见到了狂屈。知又把先前的那三个问题向狂屈请教，狂屈说：『唉，我知道，我想告诉给你，可是正想说的时候，却又忘记了那些想说的内容』。

知从狂屈那里也没有得到解答，便转身回到宫里，见到黄帝又问及那三个问题。黄帝回答说：『没有思索、没有考虑才能够懂得道，没有定处、不作为才能够持守道，不用任何途径、不用任何方法才能够获得道。』

知于是问黄帝：『我从你这里知道了这些说法，无为谓和狂屈却不知道，那么，谁是正确的呢？』

黄帝回答说：『那个无为谓是正确的，狂屈接近于正确，我和你则始终未能接近于道。知道者不言，言道者不知，所以圣人推行的是无言的教化。道不可能靠言传来获取，德不可能靠谈话来实现。仁可以去做，义可以损弃，而礼仪只是相互虚伪欺诈。所以说：「失去了道之后才能有德，失去了德之后才能有仁，失去了仁之后才能有义，失去了义之后才能有礼。」礼，只是道华丽的外表，却是祸乱的开端。所以说：「体察道的人要天天消减华伪的形迹，消减了再继续消减，以达到无为的境界，达到无所作为的境界，而后才能有所作为。」如今世人已经被迷惑而丧失了真性，想要再返回虚无之根本，是很困难的。如果说容易的话，恐怕只有悟道的至人了。生是死的同类，死是生的开始，谁能知道其条理顺序。人的诞生，是气的聚合，气聚合则得以出生，气离散便会死亡。如果死与生是同类的，那么对于死亡我还恐惧什么呢？所以说万物是同一的，并无差别。只是世人把那些所谓美好的东西看作是神奇，把那些所谓讨厌的东西看作是丑恶，而丑恶的东西可以再转化为神奇，神奇的东西可以再转化为丑恶。所以说：「贯通天下生死的，是一气为之而已。」因此圣人特别重视同一。』

知又对黄帝说：『我问无为谓，无为谓不回答我，不是不想回答我，而是不知道怎样回答我。我问狂屈，狂屈内心里想告诉我却没有告诉我，不是不告诉我，是正想说的时候，

却又忘记了那些想说的内容。现在我想再次请教你，你懂得这么多，为什么又说与大道相距甚远呢？』

黄帝说：『无为谓是真正知道的人，因为他什么都不知道；狂屈近似于知道，因为他忘记了他所知道的；我和你始终不能接近于道，因为我们什么都知道。』

狂屈听到了这番话，认为黄帝的话是最了解道的言论。

天地有大美而不言，四时有明法而不议，万物有成理而不说。圣人者，原天地之美而达万物之理。是故至人无为，大圣不作，观于天地之谓也。

今彼神明至精，与彼百化。物已死生方圆，莫知其根也。扁然[①]而万物，自古以固存。六合为巨，未离其内；秋毫为小，待之成体。天下莫不沈浮，终身不故；阴阳四时运行，各得其序。惛然若亡而存，油然不形而神，万物畜而不知。此之谓本根，可以观于天矣。

啮缺问道乎被衣，被衣曰：『若正汝形，一汝视，天和将至；摄汝知，一汝度，神将来舍。德将为汝美，道将为汝居，汝瞳[②]焉如新生之犊而无求其故。』

言未卒，啮缺睡寐。被衣大说，行歌而去之，曰：『形若槁骸，心若死灰，真其实知，不以故自持。媒媒晦晦，无心而不可与谋。彼何人哉！』

舜问乎丞：『道可得而有乎？』曰：『汝身非汝有也，汝何得有夫道！』舜曰：『吾身非吾有也，孰有之哉？』曰：『是天地之委形也；生非汝有，是天地之委和也；性命非汝有，是天地之委顺也；子孙非汝有，是天地之委蜕也。故行不知所往，处不知所持，食不知所味。天地之强阳气[③]也，又胡可得而有邪！』

【注释】

①徧然：犹遍然，普遍，所有的。

②瞳：无知的样子。

③强阳气：天地运动之气。

【译文】

天地有承载万物的美德而不言说，四季有变化的顺序而不议论，万物有生长的规律而不言明。所谓圣人，就是推原天地有功而不自夸的美德，就是通达万物自然生成的妙理。因此至人任其自为，圣人无所造作，只是效法天地自然无为之道。

天地神明奥妙，与物一同千变万化，万物忽死忽生忽方忽圆，谁也不清楚有一根本运化着它们，万物自古以来日新不息。天地四方再大，却不能脱离变化日新的自然之道；秋天的兽毫自为小，也必须凭借此道铸成形体。天下万物没有不随着天道一同升降消长的，它们终身都未尝死守故旧而一成不变；阴阳和春夏秋冬四时的运行，都秩序井然而毫无偏差。大道恍惚幽昧而似有似无，流行变化而高深难测，万物莫不为其畜养而不知。这就叫作大道，能够以此效法自然的天道了。

啮缺向被衣请教关于大道的问题，被衣说：『你要端正你的身体，集中你的精神，唯有如此，你很快就可以达到一种自然而然的和谐境界；收敛你的心智，端正你的信念，神明就会驻入你的心灵。德将会自然展示你的美好，道将驻足在你的身上，你单纯无知而直瞪着眼睛的样子就与初生的小牛犊一样，不要去追求外在的事物！』

被衣的回答还没有结束，啮缺就已经睡着了。被衣十分欢喜，唱着歌儿走开了，说：『他已经修炼得身体如同枯骨，心灵如同死灰，朴实的心思返璞归真，而且不固守某种偏见而自以为是，浑浑噩噩，昏昏暗暗，没有心计，已经不能和他商量什么了。他是个怎样的人啊！』

舜向丞请教说：『道能够获得而占有吗？』丞说：『你的身体都不是你所占有，又怎么可以获得并占有大道呢？』舜说：『我的身体不是由我占有，那谁会拥有我的身体呢？』丞说：『这是天地把形体交付了你；降生人世并非让你据为所有，这是天地给予的和顺之气凝积而成，性命也不为你所占有，这也是天地把和顺之气凝聚于你；虽然是你的子孙也不是你所据有，这是天地所给予你的蜕变之形。因此，行走不知去哪里，居处不知持守什么，饮食不知什么味道；行走、居处和饮食都只是天地之间气的运动，又怎么可以获得并占有呢？』

孔子问于老聃曰：『今日晏闲，敢问至道。』

老聃曰：『汝齐戒，疏瀹①而心，澡雪而精神，掊击而知。夫道，窨然难言哉！将为汝言其崖略。夫昭昭生于冥冥，有伦生于无形，精神生于道，形本生于精，而万物以形相生。故九窍者胎生，八窍者卵生。其来无迹，其往无方，无门无房，四达之皇皇也。邀于此者，四肢强，思虑恂达，耳目聪明。其用心不劳，其应物无方。天不得不高，地不得不广，日月不得不行，万物不得不昌，此其道与！

且夫博之不必知，辩之不必慧，圣人以断之矣！若夫益之而不加益，损之而不加损者，圣人之所保也。渊渊乎若海，巍巍乎其终则复始也，运量万物而不匮。则君子之道，彼其外与！万物皆往资焉而不匮，此其道与！中国有人焉，非阴非阳，处于天地之间，直且为人，将反于宗。自本观之，生者，喑噫物也。虽有寿夭，相去几何？须臾之说也，奚足以为尧、桀之是非！果蓏有理，人伦虽难，所以相齿。圣人遭之而不违，过之而不守。调而应之，德也；偶而应之，道也。帝之所兴，王之所起也。人生天地之间，若白驹之过隙，忽然而已。注然勃然②，莫不出焉；油然漻然③，莫不入焉。已化而生，又化而死。生物哀之，人类悲之。解其天韬，堕其天帙，纷乎宛乎，魂魄将往，乃身从之，乃大归乎！不形之形，形之不形，是人之所同知也，非将至之所务也，此众人之所同论也。彼至则不论，论则不至；明见无值，辩不若默；道不可闻，闻不若塞。此之谓大得。』

【注释】

①疏瀹（yuè）：疏通、疏导之意。

②注然、勃然：皆是万物兴起的样子。

③油然、漻然：皆是万物消逝的样子。

【译文】

孔子对老聃说：『今天趁您安居闲暇，我冒昧地向你请教至道的问题。』

老聃说：『你先得斋戒静心，再疏通你的心灵，打扫你的精神，消除你的才智！大道，真是深妙莫测难以言表啊！不过我将为你说个大概。

明亮的东西由昏暗衍生，具有形体的东西由无形产生，精神产生于道，形质产生于精微之气。万物全都依靠形体而诞生，因此，具有九个孔窍的动物是胎生的，具有八个孔窍的动物是卵生的。它的到来没有踪迹，它的离开没有边界，不知从哪儿产生、在哪儿停留，通向广阔无垠的四面八方。遵循这种规律的人，四肢强健，思虑通达，耳目灵敏，运用心思不会疲惫，顺应外物不拘定规。天不从它那儿获得什么就不会高远，地不从那儿获得什么就不会广大，太阳和月亮不能从那儿获得什么就不会运行，万物不能从那儿获得什么就不会昌盛，这其实就是道啊！

博学的人尚且不一定懂得大道，善辩的人不一定就有才能，因此圣人毅然摒弃上述的种种做法。因为只有那个想增加却无法增加、想减少也不能减少的大道，才是圣人所要保持的东西。大道高深莫测，和大海一样。大道高大神奇，没有结束也没有开始，万物的运动全在它的范围之内，而且从不曾缺少什么。因此，君子所遵从的大道，恐怕都是些皮毛啊！万物都从它那里获取滋养，大道也不会匮乏。这就是道啊！中原一带有人居住着，不偏于阴也不偏于阳，处在大地的中间，只不过具备了人的形体罢了，而人终将返归他的本原。从道的角度来看，所谓生，不过是气的聚合罢了。即使有长寿与短命，相差又有多少呢？说起来只不过是白驹过隙，怎么能用这个来区分尧和桀谁是谁非呢！果实和瓜类各不相同却有共同的生长规律，人们的伦理关系就算复杂，但还可以用年龄大小相互为序。圣人遇上这些事从不逃避，纵然亲身过往也不会滞留。能够调和顺应的事，属于德的范围；无心却偶然撞上的而又必须应付的事，都属于道的范围。而德与道便是帝业兴盛的根源，王侯兴起的规律。人生于天地之间，就像白驹过隙一样短暂，转瞬即逝而已。生长兴起，没有一个不是由道生发出来。变化消逝，无不是消亡于道体之中。变化衍生的，又变化而死去，生命为其同类的死而悲痛，人类为其亲人的死而产生悲伤之情。冲开自然的篱笆，冲出天然的桎梏，纷纷绕绕地，魂魄必将消逝，身形也随之而去，死亡就是最终归向宗本啊！从无形到有形，又从有形变化为无形，这是人们所共知的常识，不是追求大道的人所追求的道理，是人们所共同谈论的话题。那些参悟大道的人就不会去议论，议论的人就不能真正参透大道。用聪明才智去寻找大道反而得不到大道，要想体悟大道，辩解不如沉默。道是不能闻知的，因此听信传闻不如不听，懂得了这些就叫「大得」。』

东郭子问于庄子曰：『所谓道，恶乎在？』庄子曰：『无所不在。』东郭子曰：『期而后可。』庄子曰：『在蝼蚁。』曰：『何其下邪？』曰：『在稊稗。』曰：『何其愈下邪？』曰：『在瓦甓。』曰：『何其愈甚邪？』曰：『在屎溺。』

东郭子不应。庄子曰：『夫子之问也，固不及质。正、获之问于监市履狶也，每下愈况。汝惟莫必，无乎逃物。至道若是，大言亦然。周遍咸三者，异名同实，其指一也。尝相与游乎无有之宫，同合而论，无所终穷乎！尝相与无为乎！澹而静乎！漠而清乎！调而间乎！寥已吾志，无往焉而不知其所至，去而来不知其所止。吾往来焉而不知其所终，彷徨乎冯闳，大知入焉而不知其所穷。物物者与物无际，而物有际者，所谓物际者也；不际之际，际之不际者也。谓盈虚衰杀①，彼为盈虚非盈虚，彼为衰杀非衰杀，彼为本末非本末，彼为积散非积散也。』

婀荷甘与神农同学于老龙吉。神农隐几，阖户昼瞑②，婀荷甘日中奓户而入，曰：『老龙死矣！』神农隐几杖而起，嚗然放杖而笑，曰：『天知予僻陋慢訑，故弃予而死。已矣，夫子无所发予之狂言而死矣夫！』

弇堈吊闻之，曰：『夫体道者，天下之君子所系焉。今于道，秋豪之端万分未得处一焉，而犹知藏其狂言而死，又况夫体道者乎！视之无形，听之无声，于人之论者，谓之冥冥，所以论道而非道也。』

于是泰清问乎无穷，曰：『子知道乎？』无穷曰：『吾不知。』又问乎无为。无为曰：『吾知道。』曰：『子之知道，亦有数乎？』曰：『有。』曰：『其数若何？』无为曰：『吾知道之可以贵、可以贱、可以约、可以散，此吾所以知道之数也。』

泰清以之言也问乎无始，曰：『若是，则无穷之弗知与无为之知，孰是而孰非乎？』无始曰：『不知深矣，知之浅矣；弗知内矣，知之外矣。』于是泰清仰而叹曰：『弗知乃知乎，知乃不知乎！孰知不知之知？』

无始曰：『道不可闻，闻而非也；道不可见，见而非也；道不可言，言而非也。知形形之不形乎！道不当名。』

无始曰：『有问道而应之者，不知道也。虽问道者，亦未闻道。道无问，问无应。无问问之，是问穷也；无应应之，是无内也。以无内待问穷，若是者，外不观乎宇宙，内不知乎大初，是以不过乎昆仑，不游乎太虚。』

【注释】

①衰杀：疑是『隆杀』之误。

②隐几阖户昼瞑：大白天关上门靠在小几上睡觉。

【译文】

东郭子向庄子请教说：『人们所说的道，在哪里呢？』庄子回答道：『无所不在。』东郭子说：『必须指出具体所指才可以。』庄子说：『在蝼蚁之中。』东郭子说：『为何在这样低下卑微的生物中？』庄子说：『在稻田的稗草里。』东郭子说：『怎么更低下了呢？』庄子说：『在碎石瓦砾中。』东郭子说：『怎么越来越低下呢？』庄子接着说：『在大小便里。』

东郭子听了沉默了。庄子说：『先生的提问，本来就没有触及道的本质。管理市场的官吏向屠夫打听猪的肥瘦，告知他部位越往下就越能知道肥瘦的真实情况。你不要只是在某种事物里寻找道，万物都无法逃避。「至道」是这样，表达至道的言论也是如此。万物、言论和大道遍及各个角落，名不同而实一样，它们所指的实质是同一的。让我们一道遨游至道虚无之境，把你的观点等同于至道之言，宇宙万物的变化是没有停止的啊！我们再试着顺其自然无为而处吧！恬淡而清净啊！广漠而清虚啊！调和而安闲啊！我的心思早已虚空寂寥，原本无所往，也不知道前往何处，去了随即归来而不知所至何方，也不知道停在什么地方。我已在其间来来往往，却不知道什么地方是最后的归宿；遨游在缥缈的境域，大智之人进入其中也不知道它的边际。创生万物者与万物本身并没有界限，而事物之间的分界，就是物之界限。由毫无分界之道转成有形之物，又由有形之物复归没有分界之道。人们提到的盈满、空虚、衰退、减损，道使物发生盈虚变化，而自身并不是真正的盈满或空虚；道使物发生退化或减少，而自身并无衰退或减损，道使物有根

本或末端，而自身并非是真正的根本或末端；道使物有积聚或离散变化，而自身并无积聚或消失。』

妸荷甘与神农一起在老龙吉处学习。神农大白天靠着几案、关着门休息，中午时分，妸荷甘推门而入说：『老龙吉死了！』神农拄着拐杖站起身来，『啪』的一声扔下拐杖而笑起来，说：『老龙吉明白我见识短浅心志不专，所以抛下了我而死去。完了，我的先生！未用至道的言论来启发教导我就死去了啊！』

弇堈吊听说了这件事，说：『参悟大道的人，天下一切品德高尚的人都将归附于他。现在老龙吉对于道，连秋毫之末的万分之一也不能及，尚且懂得深藏他的谈吐而死去，更不用说真正体悟大道的人呢！大道看上去无形，听起来没有声音，对于人们所谈论的道，称它愚昧而又阴晦，而可以用来加以谈论的道，实际上不是真正意义上的道。』

于是，泰清向无穷请教：『你听说过道吗？』无穷回答：『我没听说过。』又问无为。无为回答说：『我听说过道。』泰清又问：『你知道道，道也有名目吗？』无为说：『是的』泰清说：『道的名目是什么呢？』无为说：『我知道道可以处于尊贵，也可以处于卑贱，可以聚合，也可以消散，这就是我所了解的道的名目。』

泰清用上述谈话去请教无始，问道：『像这样，那么无穷的不知晓和无为的知晓，谁对谁错呢？』无始说：『不知晓是深奥玄妙，知晓是肤浅单薄；不知晓处于深奥玄妙之道的范围内，知晓却刚好与道违背。』于是泰清有所醒悟而慨叹，说：『不知晓才是真正的知晓啊！知晓却是真正的不知晓啊！有谁懂得不知晓的知晓呢？』

无始说：『道不可能听到，听到的就不是真正的道；道不可能看见，看见了就不是真正道；道不可以言传，言传的就不是真正的道。要懂得有形之物之所以具有形体正是因为产生于无形的道啊！因此大道不可以描述。』

无始又说：『有人询问大道便立即回答的，乃是不知晓道。询问大道的人，也不曾了解过道。道无可询问，问了也无从解释。无可询问却一定要问，这是在询问空洞无形的东西；无法回答却勉强回答，这是说对大道根本不了解。内心无所得却期望回答没有实质的提问，像这样的人，对外不能观察广阔的宇宙，对内不能了解自身的本原，因此不能越过那高远的昆仑，也不能遨游于旷虚安宁的太虚之境。』

光曜问乎无有曰：『夫子有乎，其无有乎？』光曜不得问而孰视其状貌，窅然空然①。终日视之而不见，听之而不闻，搏之而不得也。

光曜曰：『至矣，其孰能至此乎！予能有无矣，而未能无无也。及为无有矣，何从至此哉！』

大马之捶钩②者，年八十矣，而不失豪芒。

大马曰：『子巧与！有道与？』

曰：『臣有守也。臣之年二十而好捶钩，于物无视也，非钩无察也。是用之者，假不用者也，以长得其用，而况乎无不用者乎！物孰不资焉！』

冉求问于仲尼曰：『未有天地可知邪？』

仲尼曰：『可。古犹今也。』

冉求失问③而退。明日复见，曰：『昔者吾问：「未有天地可知乎？」夫子曰：「可。古犹今也。」昔日吾昭然，今日吾昧然。敢问何谓也？』

仲尼曰：『昔之昭然也，神者先受之；今之昧然也，且又为不神者求邪！无古无今，无始无终。未有子孙而有子孙可乎？』

冉求未对。

仲尼曰：『已矣，未应矣！不以生生死，不以死死生。死生有待邪？皆有所一体。有先天地生者物邪？物物者非物，物出不得先物也，犹其有物也。犹其有物也无已！圣人之爱人也终无已者，亦乃取于是者也。』

颜渊问乎仲尼曰：『回尝闻诸夫子曰：「无有所将，无有所迎。」回敢问其游。』

仲尼曰：『古之人，外化而内不化；今之人，内化而外不化。与物化者，一不化者也。安化安不化，安与之相靡，必与之莫多。圣人处物不伤物。不伤物者，物亦不能伤也。唯无所伤者，为能与人相将迎。

狶韦氏之囿，黄帝之圃，有虞氏之宫，汤武之室。』

『君子之人，若儒墨者师，故以是非相赍也，而况今之人乎！』

『山林与，皋壤与，使我欣欣然而乐与！乐未毕也，哀又继之。哀乐之来，吾不能御，其去弗能止。悲夫，世人直为物逆旅耳！夫知遇而不知所不遇，知能能而不能所不能。无知无能者，固人之所不能免也。夫务免乎人之所不能免者，岂不亦悲哉！至言去言，至为去为。齐知之，所知则浅矣。』

【注释】

①窅然、空然：皆虚无的样子。

②捶钩：捶，锻造。钩，剑名。

③失问：不再问。

【译文】

光曜问无有说：『先生是有呢，还是没有呢？』无有没回答。

光曜没有得到关于无有的回答，就认真观察无有的状貌，他一副隐晦空寂的样子，整天看他也看不见，整天听他也听不到，想摸他一摸，也无法摸到。

光曜于是感慨道：『他真是达到极致了，谁能达到这样至高的无尚境界啊！像我，只说能达到了不能听也不能触摸，却未能达到一无所有的无无境界啊。如果能超越了有和无的境界，怎么会是我现在这个样子呢？』

大司马家有一个懂铸剑的人，虽然已经八十岁了，但造出的剑依然锋利无比、光芒四射。

大司马问：『是你的技艺无比高超呢，还是另有其他的门道呢？』

铸剑的老人回答道：『我遵循着道。我二十岁的时候就迷上了铸剑，其他的事物我都视而不见，只要不是剑就不会引起我的注意。铸剑是需要专心致志的事，借助这一工作便不再分散自己的用心，只有以此方法铸造的剑才能够长期使用。我用心铸剑因此可以如此锋利，更不用说那些对于所有事物都无用心的求道者了。达到至道的人，表面看来好像一无所用，实际上外物都要借助他呢！』

冉求向孔子请教：『未产生天地以前的样子可以了解吗？』

孔子说：『当然。古时候与今天一样。』

冉求没有继续寻问，便退出屋来，第二天再次见到孔子，问道：『昨天我问：「未产生天地以前的样子可以知道吗？」先生回答说：「可以，古时候与今天一样。」昨天我心里还很清楚，今天就不明白了，请问先生说的是什么意思呢？』

孔子回答道：『昨天你心里清楚，是因为心神先有所领悟；今天你不明白了，是因为又拘滞于具体形象而有困惑吧？没有古就没有今，没有开始哪里有终结。没有子孙以前便有了子孙，可能吗？』

冉求没有应答。

孔子说：『算了，不必再回答了！不会因为生而使死者复生，不会因为死而使生者去死。人的死和生之间互有所依吗？事实上全存在于一个整体。有先于天地而产生的物类吗？可以使万物成为具有各别形体事物的并不是有形的事物。万物的产生不可能先行出现有具体实质性的物体，而是气的聚合而产生万物。气的聚合形成万物后，才生生不息。圣人对于人的怜爱一直没有终结，就是取法于万物的不断繁衍。』

颜渊问孔子道：『我曾听先生这样说过：「不要有所送，也不要有所迎。」请问先生，一个人应该如何居处与闲游？』

孔子回答说：『古时候的人，外表随着环境的变化而变化可是内心世界却持守凝寂，现在的人，内心世界不能凝寂持守而外表又不能随着环境的改变而做出调整。顺应外物变化的人，内心一定纯一凝寂而不离散游移。对于变化与不变化可以听之任之，安闲自得地跟外在环境相顺应，必定会与外物一起变化而不有所偏移。韦氏的苑囿，黄帝的果林，虞舜的宫室，商汤、周武王的房舍，都是他们休生养息的好处所。『那些自称君子的人，好比儒家、墨家之流，以是非好坏来相互毁谤，何况现在的世人呢？』

『不论山林，还是旷野，这都使我感到无限欢乐啊！然而欢乐还未消逝，悲哀又接着到来。悲哀与欢乐的到来，我无法控制，悲哀与欢乐的离去，我也不可能挽留。悲哀啊，世上的人们只不过是外物临时栖息的旅舍罢了。人们明白遇上了什么却不知道遇不上什么，能够做自身能力所及却不能做自身能力所不及的事。不明白与不可以，本来就是人们所不可回避的，一定要避开自己所不能避开的事，难道不悲哀吗！最好的言论是什么也不说，最好的行动是什么也不做。要想把每个人所知道的各种认识全都等同起来，那就实在是浅薄了。』

【品读】

本篇是『外篇』的最后一篇，以篇首的三个字作为篇名。『知』是寓托的人名，『北游』指向北方游历。在传统的哲学体系中，北方被叫作『玄』，『玄』指昏暗、幽远，因此北方就是所谓不可知的地方。篇文认为『道』是不可知的，因此开篇便预示了主题。本篇内容主要是在讨论『道』，一方面指出了宇宙的本原和本性，另一方面也论述了人对于宇宙和外在事物应取的认识与态度。

全文自然分成十一个部分，第一部分至『以黄帝为知言』，主要说明大道本不可知，『知者不言，言者不知』，因为宇宙万物原来都是『气』，『气』聚则生，『气』散则死，万物归根结底乃是混一的整体。第二部分至『可以观于天矣』，基于第一部分的认识，进一步提出『至人无为，大圣不作』，一切『观于天地』的主张，即一切顺其自然。第三部分至『彼何人哉』，借被衣之口描述寂志守神的体道之法。第四部分至『又胡可得而有邪』，写舜与丞的对话，指出生命与子孙均不属于自身，一切都是自然之气的变化。第五部分至『此之谓大得』，通过老聃跟孔子的谈话，描述大道存在的独特方式，借以说明大道的特点。这一部分在全篇中处于重要地位。第六部分至『彼为积散非积散也』，说明大道虽不可知却『无所不在』，对道的性质作了进一步的论述。第七部分至『不游乎太虚』，借寓言人物的话，进一步指出道『不可闻』『不可见』『不可言』

的特点。既然大道不具有形象性，当然也就『不当名』，不可言传。第八部分至『何从至此哉』，写『有』与『无』的关系，『有』与『无』的相对性仍是基于『有』，只有『无无』才是真正基于『无』。第九部分至『物孰不资焉』，写铸剑的老人用心专一。第十部分至『亦乃取于是者也』，通过道化了的孔子之口，讨论宇宙的开始，提出『无古无今，无始无终』的观点。余下为第十一部分，写孔子与颜渊的谈话，讨论变化与安于变化，指出要『无知』『无能』『去言』『去为』。

《知北游》在『外篇』中具有重要地位，对于了解《庄子》的哲学思想体系也较为重要。

庚桑楚

老聃之役有庚桑楚者，偏得老聃之道，以北居畏垒之山。其臣之画然[1]知者去之，其妾之挈然仁者远之。拥肿之与居，鞅掌之为使。居三年，畏垒大壤。畏垒之民相与言曰：『庚桑子之始来，吾洒然异之。今吾日计之而不足，岁计之而有余。庶几其圣人乎！子胡不相与尸而祝之，社而稷之乎？』

庚桑子闻之，南面而不释然。弟子异之。庚桑子曰：『弟子何异于予？夫春气发而百草生，正得秋而万宝成。夫春与秋，岂无得而然哉？天道已行矣。吾闻至人，尸居环堵之室，而百姓猖狂，不知所如往。今以畏垒之细民，而窃窃焉欲俎豆予于贤人之间，我其杓之人邪！吾是以不释于老聃之言。』

弟子曰：『不然。夫寻常之沟，巨鱼无所还其体，而鲵鳅为之制；步仞之丘陵，巨兽无所隐其躯，而孽狐为之祥。且夫尊贤授能，先善与利，自古尧、舜以然，而况畏垒之民乎！夫子亦听矣！』

庚桑子曰：『小子来！夫函车之兽，介而离山，则不免于网罟之患；吞舟之鱼，砀而失水，则蚁能苦之。故鸟兽不厌高，鱼鳖不厌深。夫全其形生之人，藏其身也，不厌深眇而已矣。且夫二子者，又何足以称扬哉！是其于辩也，将妄凿垣墙而殖蓬蒿也。简发而栉，数米而炊，窃窃乎又何足以济世哉！举贤则民相轧，任知则民相盗。之数物者，不足以厚民。民之于利甚勤，子有杀父，臣有杀君，正昼为盗，日中穴阫。吾语女，大乱之本，必生于尧、舜之间，其末存乎千世之后。千世之后，其必有人与人相食者也！』

南荣趎蹴然[2]正坐曰：『若趎之年者已长矣，将恶乎托业以及此言邪？』

庚桑子曰：『全汝形，抱汝生，无使汝思虑营营。若此三年，则可以及此言矣。』

南荣趎曰：『目之与形，吾不知其异也，而盲者不能自见；耳之与形，吾不知其异也，而聋者不能自闻；心之与形，吾不知其异也，而狂者不能自得。形之与形亦辟矣，而物或间之邪？欲相求而不能相得。今谓趎曰：「全汝形，抱汝生，无使汝思虑营营。」趎勉闻道，达耳矣！』

庚桑子曰：『辞尽矣。奔蜂不能化藿蠋，越鸡不能伏鹄卵，鲁鸡固能矣。鸡之与鸡，其德非不同也，有能与不能者，其才固有巨小也。今吾才小，小足以化子。子胡不南见老子！』

【注释】

①画然：畛域，界限，引申为清楚明白的样子。

②蹴然：不安的样子。

【译文】

老聃的弟子中有个叫庚桑楚的人，他独得老聃真传，居住在北边的畏垒山，奴仆中有着力炫耀才智的，他就会让他们纷纷离去，侍婢中着力标榜仁义的，他就会让她们远离自己；只有敦厚朴实的人才能跟他住在一起，只有任性自得的人才能作为他的仆人。居住三年，畏垒山一带大丰收。

畏垒山一带的人民相互传言：『庚桑楚刚来畏垒山，我们都有些吃惊甚至感到诧异。如今我们按天计算收入虽然还嫌不足，但一年总的收益也还富足有余。庚桑楚恐怕就是圣人了吧！大家为何不共同像供奉神灵一样供奉他，像对待天子一样地敬重他？』

庚桑楚听到了人们的谈论，面朝南方心里很不愉快。弟子们奇怪。庚桑楚说：『你们对我有什么奇怪呢？春天阳气蒸腾勃发百草生长，到了秋天时节庄稼成熟果实累累。春天与秋天，难道无所遵循就能够这样吗？这是自然规律的运行与变化。我听说道德修养极高的人，就像没有生命的人一样淡定沉静地生活在斗室小屋内，而百姓都无识无知地不知道应该做些什么。如今畏垒山一带的平民百姓私下里议论想把我列入贤人的地位而加以供奉，我难道愿意成为众人所注目的人吗？我正因为遵从老聃的教诲而对此感到大不愉快。』

弟子说：『不是这样的。在小水沟里，大鱼没有办法回转它的身体，可是小小的泥鳅却能转身自如；矮小的山丘，大的野兽没有办法隐藏它的躯体，可是妖狐却正好得以栖身。何况尊重贤才授权能人，以善为先给人利禄，从尧、舜时期起就是这样，何况畏垒山一带的黎民百姓呢！先生你还是顺从大家的心意吧！』

庚桑楚说：『小子你过来！口能含车的巨兽，孤零零地离开山野，那就不能免于罗网的灾祸；口能吞舟的大鱼，一旦被水波荡出水流，小小的蚂蚁也会使它困苦不堪。所以鸟兽不厌山高，鱼鳖不厌水深。保全身形本性的人，隐匿自己的身形，不厌深幽高远罢了。至于尧与舜两个人，又哪里值得加以称赞和褒扬呢！尧与舜那样分辨世上的善恶贤愚，就像是在胡乱毁坏好端端的垣墙而去种上没有什么用处的蓬蒿。选择头发来梳理，点数米粒来烹煮，计较于区区小事又怎么能够有益于世啊！举荐贤才人民就会相互出现伤害，任用机巧百姓就会相互出现伪诈。这些作法，不足以给人民带来好处。人们对于追求私利向来十分迫切，为了私利有的儿子杀了父亲，有的臣子杀了国君，大白天抢人，光天化日之下在别人墙上打洞。我告诉你，天下大乱的根源，必定是产生于尧、舜的时代，而它的流毒和遗害又一定会留存于千年之后。千年之后，还将会出现人与人相食的情况哩！』

南荣趎拘谨地坐在那里，说：『像我这样年龄大了的人，将怎样提高自己才能达到你所说的那种境界呢？』

庚桑楚说：『爱护好你的身形，护养你的本性，思想不被杂念缠绕。这样坚持三年，就可以达到我所说的那种境界了。』

南荣趎说：『盲人的眼睛和一般人的眼睛，两者的外形我看不出有什么差别，而盲人的眼睛却无法看见东西；聋子的耳朵和普通人的耳朵，两者的外形我看不出有什么差别，而聋子的耳朵却无法听见声音；狂人的相貌与普遍人的相貌，彼此之间我看不出两者的差别，而狂人却不能把持自己。形体与形体之间原本是相同的，但出现不同的感知是外物使然吗？还是希望获得却始终未能获得呢？如今，先生对我说：「爱护好你的身形，护养你的本性，思想不被杂念缠绕。」我只是勉强听到耳朵里罢了！

庚桑楚说：『我的话已经说尽了。小土蜂不可能孵化出豆叶虫，越鸡不可能孵化天鹅蛋，而鲁鸡却能够做到。鸡与鸡的禀赋并没有什么差异，有的能做到，有的却不能做到，是因为它们的本领原本就有大有小。拿眼前说我的才能就很小，不足以让你受到感化，你为什么不到南方去拜见老子？』

南荣趎赢粮，七日七夜至老子之所。老子曰：『子自楚之所来乎？』南荣趎曰：『唯。』老子曰：『子何与人偕来之众也？』南荣趎惧然顾其后。老子曰：『子不知吾所谓乎？』南荣趎俯而惭，仰而叹，曰：『今者吾忘吾答，因失吾问。』老子曰：『何谓也？』南荣趎曰：『不知乎人谓我朱愚，知乎反愁我躯；不仁则害人，仁则反愁我身；不义则伤彼，义则反愁我己。我安逃此而可？此三言者，趎之所患也。愿因楚而问之。』老子曰：『向吾见若眉睫之间，吾因以得汝矣，今汝又言而信之。若规规然若丧父母，揭竿而求诸海也。汝亡人哉！惘惘乎！汝欲反汝情性而无由入，可怜哉！』

南荣趎请入就舍，召其所好，去其所恶，十日自愁，复见老子。老子曰：『汝自洒濯，熟哉郁郁乎！然而其中津津乎①犹有恶也。夫外韄者不可繁而捉，将内揵；内韄者不可缪而捉，将外揵。外内韄者，道德不能持，而况放道而行者乎！』

南荣趎曰：『里人有病，里人问之，病者能言其病，然其病病者犹未病也。若趎之闻大道，譬犹饮药以加病也。趎愿闻卫生之经而已矣。』老子曰：『卫生之经，能抱一乎？能勿失乎？能无卜筮而知吉凶乎？能止乎？能已乎？能舍诸人而求诸己乎？能翛然乎？能侗然[2]乎？能儿子乎？儿子终日嗥而嗌不嗄，和之至也；终日握而手不挽，共其德也；终日视而目不瞚，偏不在外也。行不知所之，居不知所为，与物委蛇而同其波。是卫生之经已。』

南荣趎曰：『然则是至人之德已乎？』曰：『非也。是乃所谓冰解冻释者。夫至人者，相与交食乎地而交乐乎天，不以人物利害相撄，不相与为怪，不相与为谋，不相与为事，翛然而往，侗然而来，是谓卫生之经已。』曰：『然则是至乎？』曰：『未也。吾固告汝曰：「能儿子乎！」儿子动不知所为，行不知所之，身若槁木之枝而心若死灰。若是者，祸亦不至，福亦不来。祸福无有，恶有人灾也！』

【注释】

①津津乎：外渗的样子。

②侗然：懵然无知的样子。

【译文】

南荣趎带足了干粮，花了七天七夜的时间来到老子的住所。老子说：『你是从庚桑楚那里来的吧？』南荣趎回答：『是的。』老子说：『怎么跟你一起来的人如此多呢？』南荣趎充满恐惧，回过头来看看自己的身后。老子说：『你不懂我所说的意思吗？』南荣趎低下头，羞惭满面，然后仰面叹息：『现在我已经忘记了我应该怎样回答，因为我忘记了我的提问。』老子说：『你的话什么意思呢？』南荣趎说：『不聪明吧，人们说我愚昧无知。聪明吧，反而给身体带来愁苦和危难。没有仁爱之心就会伤害他人，传播仁爱之心反而会给自己带来愁苦和危难。不讲信义便会伤害其他人，传播信义反而给自己带来愁苦和危难。上面这三句话所说的情况，正是我产生忧患的原因，希望因为庚桑楚的引介而获得赐教。』老子说：『你刚来时我察看你眉宇之间，也就借此了解了你的心思。现在你的谈话更证实了我的观察。你失神的样子真像是失去了父母，又好像在举着竹竿探测大海的深浅。你确实是一个丧失了真性的人，既迷惘又昏昧！你一心想回归你的真情与本性却不知道从何做起，实在是值得同情啊！』

南荣趎回到寓所，求取自己喜好的东西，摒弃自己讨厌的东西，花了整整十天时间愁思苦想，然后再去拜见老子。老子说：『你进行了自我反省，郁郁不安的心情显得沉重啊！然而你心绪外溢的情况说明还是存有邪念的。受到外物的束缚便不能避免繁杂与急促，于是内心世界必将堵塞不通；内心世界若受到束缚便不可避除杂乱无绪和急促，于是外部感官必定会闭塞不通。外部感官和内心世界都被束缚、缠绕，即使道德高尚

的人也不能持守，何况是初学道而模仿行事的人呢！』

南荣趎说：『邻里的人生了病，周围的乡邻向他询问，生病的人能够把自己的病情说个清楚的人，那就算不上是重病。像我这样的人听闻大道，好比服用了药物反而加重了自己病情，因而我只希望能听到养护生命的常规就可以了。』老子说：『养护生命的常规，可以使身形与精神浑一谐和吗？能够不失掉人的真性吗？能够不求助于卜筮而知道吉凶吗？能够让自己安于本分吗？能够对消逝了的东西不作追求吗？能够舍弃仿效他人的心思而追求自身的完善吗？能够让人保持无拘无束、自由自在吗？能够让人心神宁寂无所执著吗？能够让人像初生的婴儿那样纯真、朴质吗？婴儿整天啼哭而咽喉却不会嘶哑，这是因为声音谐和自然达到了顶点；婴儿整天握着小手而不僵硬，这是因为听任小手自然地握着乃是婴儿的天性与常态；婴儿整天瞪着小眼睛一点也不感到累，这是因为内心世界不会滞留外界事物；行走起来不知道要去哪里，平日居处不知道做些什么，接触外物随顺应合，如同随波逐流、听其自然：这就是养护生命的常规了。』

南荣趎说：『那么这就是智者的最高思想境界吗？』老子回答：『不是的。这仅仅是像冰冻消解一样自然消除心中积滞的本能罢了？道德最高尚的人，跟人们一起向大地寻食而又跟人们向天寻乐，不因外在的人事物利害而扰乱自己，没有奇怪的想法，没有不合理的欲望，不参与世俗的事务，无拘无束、自由自在地离开，又心神宁寂无所执著地回来。这就是所说的养护生命的常规。』南荣趎说：『那么，这个样子就达到了最高的境界吗？』老子说：『没有。我一开始就告诉过你：「能够像初生的婴儿那样纯真、朴质吗？」婴儿做出动作不知道干什么，走动不知道去哪里，身形像枯槁的树枝而心境像熄尽了的死灰。像这样的人，灾祸不会到来，降临幸福也不会。祸福都不存在了，哪里还会有人间的灾害呢！』

宇泰定者①，发乎天光。发乎天光者，人见其人，物见其物。人有修者，乃今有恒。有恒者，人舍之，天助之。人之所舍，谓之天民；天之所助，谓之天子。

学者，学其所不能学也；行者，行其所不能行也；辩者，辩其所不能辩也。知止乎其所不能知，至矣。若有不即是者，天钧败之。

备物将以形，藏不虞以生心，敬中以达彼。若是而万恶至者，皆天也，而非人也，不足以滑成，不可内于灵台。灵台者有持，而不知其所持，而不可持者也。不见其诚己而发，每发而不当；业入而不舍②，每更为失。为不善乎显明之中者，人得而诛之；为不善乎幽间之中者，鬼得而诛之。明乎人，明乎鬼者，然后能独行。

券内者，行乎无名；券外者，志乎期费。行乎无名者，唯庸有光；志乎期费者，唯贾人也。人见其跂，犹之魁然。与物穷者，物入焉；与物且者，其身之不能容，焉能容人！不能容人者无亲，无亲者尽人。兵莫憯于志，镆铘为下；寇莫大于阴阳，无所逃于天地之间。非阴阳贼之，心则使之也。

道通其分也，其成也毁也。所恶乎分者，其分也以备。所以恶乎备者，其有以备。故出而不反，见其鬼。出而得，是谓得死。灭而有实，鬼之一也。以有形者象无形者而定矣。

出无本，入无窍。有实而无乎处，有长而无乎本剽，有所出而无窍者有实。有实而无乎处者，宇③也；有长而无本剽者，宙也。有乎生，有乎死；有乎出，有乎入。入出而无见其形，是谓天门。天门者，无有也。万物出乎无有。有不能以有为有，必出乎无有，而无有一无有。圣人藏乎是。

【注释】

①宇：心宇。泰定：安定，宁静。

②业入而不舍：外在的事物扰乱了内心世界还不舍弃不停止。

③宇：谓上下四方。

【译文】

心境安定的人，就会焕发出自然的光芒。发出自然光芒的，人便显示其出其为人，物便显现出其为物。注重修养的人，才能保持较高的道德修养水平。保持较高的道德修养水平的人，人们就会很自然地归依他，上天也会帮助他。人们所归依的，称他为天民；上天所辅佐的，称他为天子。

学习，是为了学习那些自己没有掌握的东西；行走，是为了到那些不曾去到的地方；学习分辨的方法，是为了辨清那些不易辨清的事物。知道自己停留在未知的境域，便达到了已知的最高境界。如果有人不是这样，大踏步地冲出去，那么自然的禀性必然会让他失败。

具备造化的事物而顺应成形，用来将息身体；深敛外在的情感不作任何思虑，用来修养心性；尊重自己，从而理解他人。如果做到这三方面，你也就平安了。如果各种灾祸仍然接踵而至，那就是天命，怪不得自己了。你已经尽到了人事，没有过失，因而外来的灾祸不足以扰乱你的心性，也不可能进入心里。心，就是却不知道持守什么，尽管，你胸中有所持守，并且不能够刻意去持守的地方。你不能把自我真诚地表现出来，而任凭情感外驰。一旦外事侵扰心中，它们就不会轻易离去，即使有所变化，心中也会留下创伤。如果有人白天做了坏事，人们都会谴责他、处罚他；晚上做了坏事，鬼神也会谴责他、处罚他。只有在人群中保持清白光明，在鬼神中也保持清白光明的人，才能独行于世。

注重修养德性的人，行事不留名迹；追求外在功绩的人，心思也总在于穷尽财用。行事不留名迹的人，他们知道日常生活中蕴涵着伟大和光明；心思总在于穷尽财用的人，只能说是商人，人们都能看清他们在奋力追求身外的东西，他们自己却泰然无危。能体察外物，跟外物相通的人，外物终将归依于他；跟外物格格不入的人，不能容纳自己，又怎么能容纳他人？不能容人的人，一个没有人亲近他，没有人亲近的人实际上是被人们所抛弃的。最锐利的兵器是一个人的心神，从这一意义来说莫邪剑那样的兵器也只能算是下等；人最大的敌人是内心，因为没有人能逃脱出天地之间。其实，并不是人心里的阴阳变化伤害了他，而是他自己心神自扰，不能顺应阴阳的变化，致使自身受到伤害。

看似事物的分离与完备有分别、不同，然而大道使之相通、转化。在那里称为完备的事物，在这里看来也许就是分离。对于分离厌恶的原因，就在于对分离要追求完备；对于完备厌恶的原因，又在于对完备进一步要求完备。因此心神离散外逐欲情而不能返归的人，就会徒具形骸而显于鬼形；心神离散外逐欲情而能有所得的人，这叫作接近于死亡。迷失本性而徒有外形，与鬼神没有什么区别。把有形的东西看成无形，那么内心就会得到安宁。

产生没有根本，消逝没有踪迹。具有实在的形体却看不见确切的所在，有成长却见不到成长的过程，有所产生却没有产生的情况又实际存在着。具有实在的形体而看不见确切的处所的，是因为处在四方上下没有边际的空间中。有成长却见不到成长的开始与结束，是因为处在古往今来没有穷尽的时间里。存在着生，存在着死，存在着出，存在着入，入与出都没有具体的形迹，这叫作『自然之门』。所谓『自然之门』，就是不存在一个人造的门，万事万物都出自这一『自然之门』。『有』不可能产生『有』，必定要出自『无有』，而『无有』就是一切全都没有。圣人就存在于这样的境界。

古之人，其知有所至矣。恶乎至？有以为未始有物者，至矣，尽矣，弗可以加矣！其次以为有物矣，将以生为丧也，以死为反也，是以分已。其次曰始无有，既而有生，生俄而死。以无有为首，以生为体，以死为尻。孰知有无死生之一守者，吾与之为友。是三者虽异，公族也。昭景也，著戴也，甲氏也，著封也，非一也。

有生黬也，披然曰移是。尝言移是，非所言也。虽然，不可知者也。腊者之有膍胲，可散而不可散也；观室者周于寝庙，又适其偃焉为是举移是。请常言移是。是以生为本，以知为师，因以乘是非。果有名实，因以己为质，使人以为己节，因以死偿节。若然者，以用为知，以不用为愚，以彻[1]为名，以穷为辱。移是，今之人也，是蜩与学鸠同于同也。

蹍市人之足，则辞以放骜，兄则以妪[2]，大亲则已矣。故曰：至礼有不人，至义不物，至知不谋，至仁无亲，至信辟金。

彻志之勃，解心之谬，去德之累，达道之塞。贵富显严名利六者，勃志也；容动色理气意六者，谬心也；恶欲喜怒哀乐六者，累德也；去就取与知能六者，塞道也。此四六者不荡，胸中则正，正则静，静则明，明则虚，虚则无为而无不为也。道者，德之钦也；生者，德之光也；性者，生之质也。性之动谓之为；为之伪谓之失。知者，接也；知者，谟也。知者之所不知，犹睨也。动以不得已之谓德，动无非我之谓治。

名相反而实相顺也。

羿工乎中微而拙乎使人无己誉；圣人工乎天③而拙乎人。夫工天而俍乎人者，唯全人能之。唯虫能虫，唯虫能天。全人恶天，恶人之天，而况吾天乎人乎！

一雀适羿，羿必得之，或也。以天下为之笼，则雀无所逃。是故汤以胞人笼伊尹，秦穆公以五羊之皮笼百里奚。是故非以其所好笼之而可得者，无有也。

介者④拸画，外非誉也；胥靡登高而不惧，遗死生也。夫复谐不馈而忘人，忘人，因以为天人矣。故敬之而不喜，侮之而不怒者，唯同乎天和者为然。出怒不怒，则怒出于不怒矣；出为无为，则为出于无为矣。欲静平气，欲神则顺心。有为也欲当，则缘于不得已。不得已之类，圣人之道。

【注释】

①彻：显达。

②妪：出声的慰问。

③工乎天：善于顺应天时。

④介者：断足的人。

【译文】

古时的人，他们的认识有个极限。这个极限是什么呢？有的认为宇宙未曾形成万物的初始时，便是极限、尽头，再不能增进什么了！有的还认为宇宙开始生成万物时，把生当作失去，把死视为返本，这已经有所分了。甚至还有的，认为宇宙初成时是虚无，后来才衍生出万物，顷刻间而又归于死亡。把无有当作头，把出生当躯干，把死亡当尾。谁懂得有无死生是一体的，我就和他交朋友。这三者虽然有差别，但却属于一个宗族，就像楚国的昭氏、景氏，以尊奉祖先而著称；甲氏以封地而彰显，虽然分成三姓，但仍然是同一宗族长。

脸上长了黑痣的人，人们议论纷纷，主张『去掉它』。我曾经说『去掉它』这话是不该说的。然而其中的道理常人却不容易理解。比如腊祭时有四肢五脏等各种祭品，不一定非要放在一起，但又是缺一不可的。又如游览观看屋室的人把庙堂寝室看了个遍，又跑到了厕所！这些都像是『去掉它』的问题。请让我谈论『去掉它』的问题。这个问题是以生命为根本，以心智为导师，所以能驾驭是非。倘若果真有名实之别，那么便以自己为主体，让别人都符合于自己，以至于用死补偿这相符合。像这样，把举用看作是智慧，把不用看作是愚蠢，以官运通达视为名誉，以仕途困顿看作是耻辱。因此，『去掉它』是当下人的看法，这正如蜩与学鸠一样，同样是无知的。

踩了行人的脚，就要好言好语来道歉，兄长踩了弟弟的脚则要出声抚慰一下，父母踩了子女的脚就用不着道歉了。因此说，最好的礼仪就是不分彼此视人如己，最好的道义就是东西不分你的我的，最高的智慧就是无须谋虑，最大的仁爱就是对任何人也没必要表示亲近，最大的诚信就是无须用贵重的东西作为凭证。

消除意志的悖乱，摆脱心灵的束缚，遗弃道德的牵绊，打通大道的阻塞。尊贵、富有、荣显、威严、功名、利禄这六种因素，全都扰乱意志。容貌、举止、颜色、辞理、气调、意愿这六种情况，全是束缚人心灵的因素。憎恶、欲望、欣喜、愤怒、悲哀、欢乐这六种情况，全是牵绊道德的因素。舍弃、趋从、贪取、施与、智虑、技能这六种情况，全是阻塞大道的因素。这四个方面所包含的各六种情况如果不在胸中激荡，内心就会平正，内心平正就会宁静，宁静就会明澈，明澈就会虚空，虚空就能恬适顺应，然后无所作为而又无所不为。大道，是德所尊崇的；生命，是盛德的光辉；本性，是生命的根本。合乎本性的行动，被人们称之为率真的作为；受伪情驱使而采取行动，称之为失却真性。智是对外界事物的感知认识，智又是内心的谋划。具有智慧的人也会有没掌握的知识，就像斜着眼睛看东西，所见必定是有限的。顺任自然的行动叫作德，行动而不丧失自我叫作治，追求名声必定适得其反，而讲求实际就会事事顺利。

羿善于射中微小的东西，而不善于让人们不赞扬自己。圣人善于顺应自然而拙于人为。能够顺应自然而又善于周旋人世的，只有十全十美的人才能做到。只有虫才像虫一样地生活，虫像虫源于自然。完美无缺厌恶自然，是厌恶人为的自然，更何况是他们用自我的尺度来度量自然和人为呢？

一只小雀迎面向羿飞来，羿一定能射中它，这是羿的威力；如果把整个天下当作雀笼，那么没有一只鸟雀能够逃脱。因此，商汤用庖厨来笼络伊尹，秦穆公用五张羊皮来笼络百里奚。所以说，不投其所好来笼络人心而可以取得成功的，还从不曾有过。

被砍去一只脚的人摒弃饰容之物品，因为他已把毁誉置之度外；囚徒登高而不感到惧怕，因为他们已忘掉了生死。屡遭侮辱恐吓而无心报复的人，这便是忘记了人道。忘记了人道，便成了顺应天道的人。所以别人尊敬他而不欢喜，侮辱他而他不发怒，只有同天地间冲和之气吻合的人才能够做到。发出怒气而出于无心，那么这种怒气就是无心之怒了；有所作为而出于无心，那么这种作为就是出于无为了。要想精神宁静，就必须气息平和；要想精神舒畅，就必须心气和顺。这就是有所作为。想要有所作为使之得当就应该出于不得已。一切都是迫不得已而为之，便是圣人之道了。

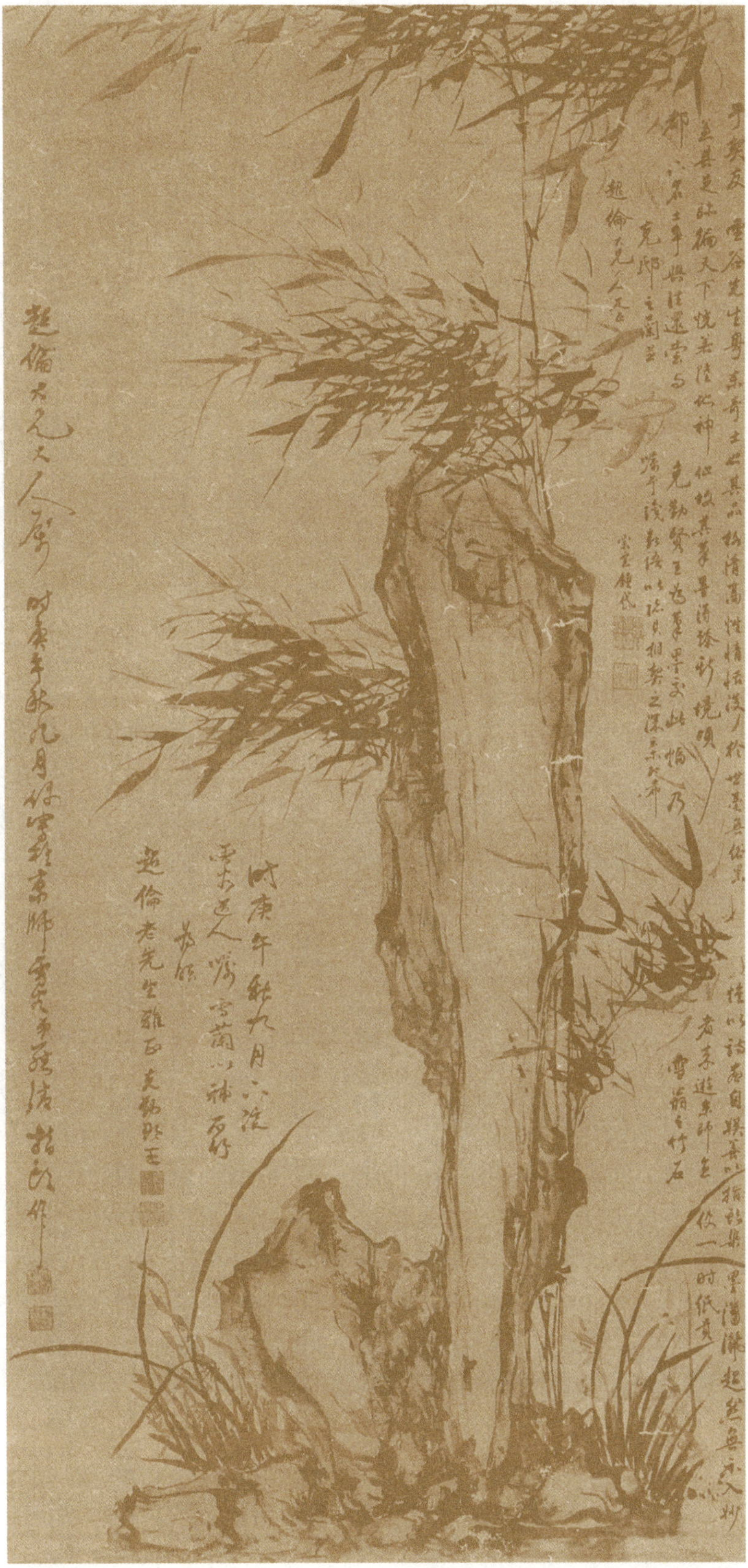

【品读】

『庚桑楚』是首句里的一个人名，这里以人名为篇名。全篇涉及许多方面的内容，有讨论顺应自然倡导无为的，有讨论认知的困难和是非难以认定的，但多数段落还是在讨论养生。

全文大体可以分为五个部分。第一部分至『其必有人与人相食者也』，写庚桑楚与弟子的谈话，指出一切都有其自然的规律，为政者只能顺『天道』而行，至于尧舜的作法，只能使民『相轧』，社会的动乱也就因此而起。第二部分至『恶有人灾也』，通过老聃的谈话说明养生之道，这就是『与物委蛇，而同其波』，『身若槁木而心若死灰』，『即随物而应、处之无为的生活态度。第三部分至『心则使之也』，写保持心境安泰，指出不能让外物扰乱自己的『灵台』。第四部分至『是蜩与学鸠同于同也』，转而讨论万物的生成与变化，讨论人的认识的局限，说明是与非不是永远不变的，可以转移和变化。余下为第五部分，又转回来讨论修身养性，指出扰乱人心的诸多情况，把养生之道归纳到『平气』『顺心』的基本要求上来。